シリーズ「遺跡を学ぶ」 088

東西弥生文化の結節点

朝日遺跡

原田　幹

新泉社

東西弥生文化の結節点
—朝日遺跡—

原田　幹

【目次】

第1章　姿をあらわした巨大集落……4

1　東海地方最大の弥生集落……4

2　発掘調査のあゆみ……7

3　朝日遺跡の集落景観……17

第2章　貝殻山貝塚とその周辺—弥生時代前期……20

1　弥生前期の集落……20

2　複雑な土器の系譜……24

3　弥生前期の地域社会……27

《コラム》朝日遺跡の収穫具……28

第3章　弥生時代の都市計画—弥生時代中期……31

1　集落の基本計画……31

2　強固な防御施設は何を意味する？……40

装幀　新谷雅宣
本文図版　松澤利絵

《コラム》弥生集落の環境問題……46
3　ものづくりと地域社会……47
《コラム》石鏃が刺さったシカの骨……58
4　都市計画の破棄……64
《コラム》円窓付土器……68

第4章　最後の集落―弥生時代後期から古墳時代前期……71
1　後期の環濠集落……71
2　多彩な金属器……77
3　パレス・スタイル土器……81
4　東海系土器の拡散と集落の終焉……84

第5章　朝日遺跡の未来……87
参考文献……91

第1章　姿をあらわした巨大集落

1　東海地方最大の弥生集落

難航する発掘調査

一九九六年夏、当時愛知県埋蔵文化財センターに勤務していた私は、他の遺跡の調査を終え、清洲町《きよすちょう》（現・清須市）でおこなわれていた朝日《あさひ》遺跡の発掘調査に合流した。前年の秋から始まった調査はすでに佳境を迎えつつあったが、予想以上の遺構・遺物の多さと厳しい調査環境のため、発掘調査は困難を極めていた。

厚さ一メートルを越える真っ黒な遺物包含層には、おびただしい数の弥生土器の破片が含まれていた。場所によっては、土よりも土器のほうが多いのではないかと錯覚してしまうほどだ。この黒色層は無数の遺構が重複してできたものだ。しかし、「闇夜のカラス」と調査員を嘆かせたように、真っ黒な層のなかから正確に遺構をみつけだし、前後関係を押さえていくのはとても難しい作業だった。また、この時の調査は激しい湧水にも悩まされていた。常時ポンプで排水したにもかかわらず、調査区の低い部分はつねにかん水し、調査区のいたるところで壁や遺構が崩壊した（図1）。

結局、調査は、予定を延長し、その年の暮れまでおこなわれた。初めて参加した朝日遺跡の発掘調査は、過酷な環境下での調査の難しさと自分の経験不足を痛感させられたものになった。私はこの調査の翌年、埋蔵文化財センターから県教育委員会文化財課（現・生涯学習課文化財保護室）へとうつり、発掘調査の最前線からは遠ざかってしまった。しかし、その後も仕事、研究をとおして、この巨大な弥生集落と関わりつづけることになった。

図1 ● 水が湧き出る発掘現場（1996年）
遺跡を覆う厚い包含層は、長期間にわたる人びとの営みが積み重なった痕跡だ。この調査では、春から夏の水田への導水期に地下水の水位が上昇し、調査区の一部がかん水するなど、困難な状況で作業が進められた。

東海地方最大の弥生集落

朝日遺跡は、東西約一・四キロメートル、南北約〇・八キロメートル、推定面積は八〇万平方メートルにもおよぶ。全国的にみても最大規模の弥生集落だ。遺跡の継続期間も、弥生時代前期から古墳時代初めまでの長期間にわたり、東海地方を代表する弥生時代の環濠《かんごう》集落として知られている。弥生時代の争乱の証拠として有名になった逆茂木《さかもぎ》や乱杭《らんぐい》の発見をはじめ、耳目を集めた発掘成果は枚挙にいとまがないが、私が考える朝日遺跡の特質は次のようなものだ。

①本州のほぼ中央、東西文化の交錯する地にあって、独自の文化を育み、他の地域にも影響を与えた東海地方の中核的な集落であること。

②さまざまな生業、ものづくりがおこなわれた多機能集落であり、生産・交易の拠点となった集落であること。

③集落の営みは弥生時代の初期から終末まで長期にわたり、居住域と墓域を含めた集落の変遷が明らかにされた希有な遺跡であること。

本書では、まず朝日遺跡の発掘調査のあゆみ（次節）を振り返り、弥生前期における集落の成立（第2章）、中期の巨大集落の成立とその特質（第3章）、後期の環濠集落から古墳時代の衰退期まで（第4章）というように、時間的な変遷をたどりながら、〝朝日集落〟とこの地域の弥生文化の趨勢をみていくことにしよう。

2　発掘調査のあゆみ

高速道路下の遺跡

名古屋市の西に接する清須市は、平成の大合併によって、旧西春日井郡《にしかすがい》清洲町、新川町《しんかわ》、春日町《はるひ》が合併して新しく誕生した。戦国時代に織田信長の居城であった清須城の所在地としても有名だ。

清須城から北東へ向かうと、清須市と名古屋市西区が接するところに、高速道路の巨大な立体交差がみえてくる（図2）。この清洲ジャンクションは、東西に走る名古屋第二環状自動車道と南北に走る名古屋高速六号清須線・名古屋高速一六号一宮線が接続するタービン型のジャンクションだ。高速道路の下には、国道二二号線、国道三〇二号線が交差し、まさに交通の要所となっている。この現代的な建造物の地下に、はるか昔の弥生時代の集落が眠っているとは、なかなか想像できない。朝日遺跡の発掘成果の多くは、これらの高速道路建設にともなう発掘調査によってもたらされたものだ。

遺跡の立地

朝日遺跡は、濃尾《のうび》平野の中央部からやや東寄り、標高約二〜三メートルほどの沖積地にある（図3）。遺跡の西側には木曽川水系の五条川《ごじょうがわ》が流れている。

遺跡南端から現在の海岸線までは、約一五キロメートルほど離れているが、遺跡の立地と海

図 2 ● 上空からみた朝日遺跡
北上空からみた現在の朝日遺跡。2007 年撮影。左右に通るのが名古屋第二環状自動車道、縦が名岐バイパスと建設途中の名古屋高速自動車道。複雑な曲線を描くジャンクション周辺に遺跡が広がっている。

との関係は深い。朝日遺跡が立地する基盤砂層のわずかな高まり（微高地）は、縄文時代にできた海浜性の浜堤列《ひんていれつ》のひとつとされる。この微高地を浸食するように、遺跡の北東から南西へと流れる幅二五〜三〇メートル、深さ四メートルほどの谷地形がみつかっている。これは縄文時代中期ごろにできた埋積浅谷《まいせきせんこく》で、縄文時代後期にはドングリ・ピットがつくられるなど、人の活動の痕跡がみられる。

　縄文時代晩期の小海進の時期には、海水面は現在よりも一・五メートルほど高く、朝日遺跡の一部にも海水の影響がおよんでいたようだ。その後、縄文時代晩期から弥生時代前期の小海退を経て、集落の基盤となる地形・環境が徐々に整えられていった。

　弥生時代になると、谷地形によって南北に分断された微高地上に集落がつくられた。朝日遺跡の周辺では、標高二メートル以下に立地する

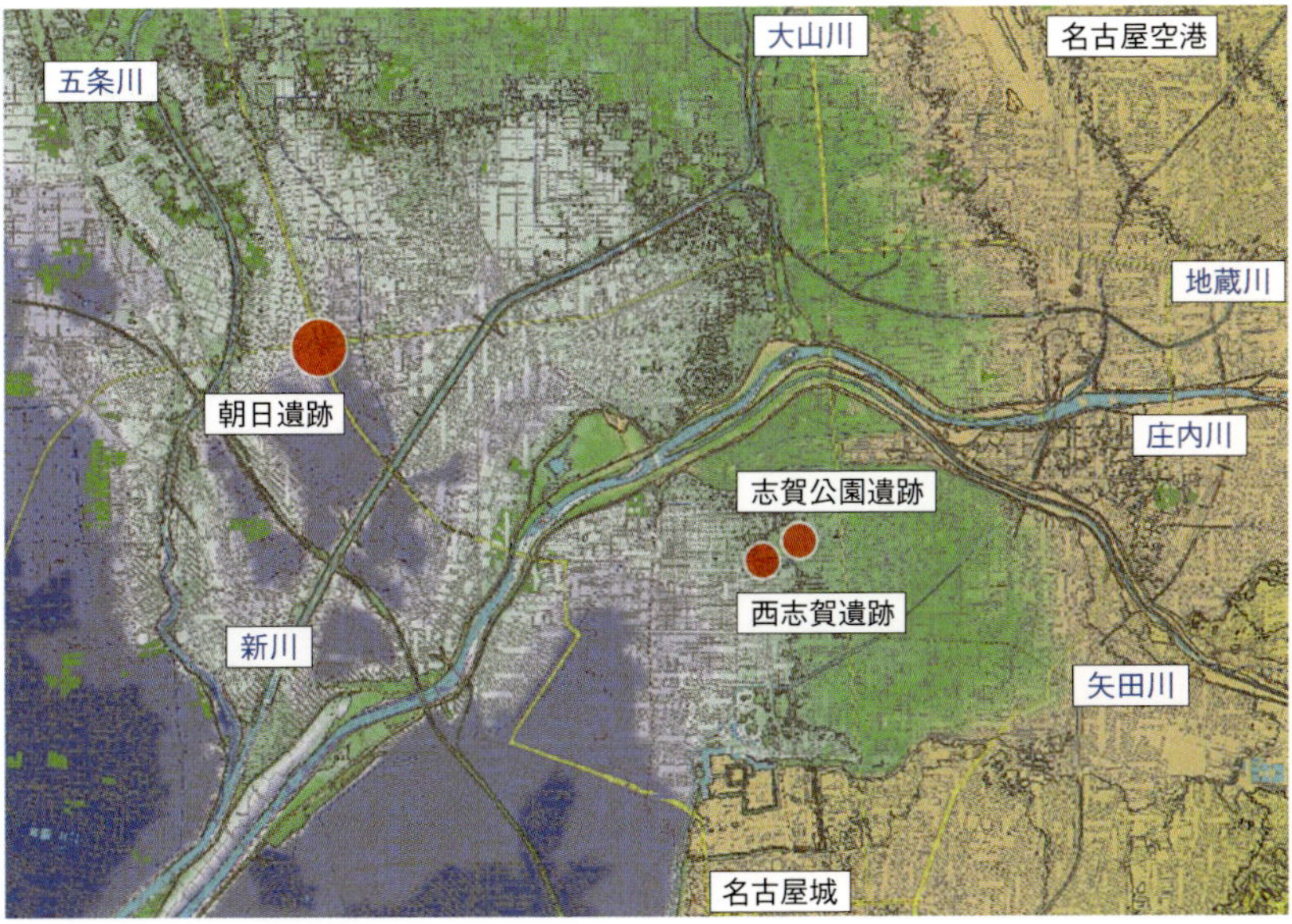

図３ ● 朝日遺跡の位置と立地
遺跡周辺は海抜２〜３ｍの沖積低地で、近年まで水田などの耕作地として利用されてきた。地図の青色は海抜２ｍ未満、緑色は５ｍ未満、褐色は10ｍ未満を表示。

弥生時代の遺跡はみられず、これらの低地部には海が入り込んでいたとみられる。朝日遺跡の南周辺には、広大な砂泥質《さでいしつ》の干潟が広がっていたようだ。

なお、朝日遺跡という名称が定着したのは、愛知県教育委員会が一九八二年に刊行した発掘調査報告書からで、それまでは朝日遺跡群、あるいは朝日貝塚（群）などとよばれ、点在する複数の貝塚や遺物包蔵地の総称としての意味合いが強かった。ところが、道路建設にともなう広域の発掘調査が始まると、これらの貝塚や包蔵地が有機的な関連のあるひとつの集落であることがしだいに明らかとなっていった。

東海最古の弥生文化をもとめて

朝日遺跡のなかでも古くから調査されてきたのが貝殻山《かいがらやま》貝塚地点だ。一九二九年には加藤務が発掘調査をおこない、ハマグリ、カキ、シジミを含む貝塚であることを明らかにした。

戦後の昭和二〇年代から三〇年代にかけては、個人や大学による学術調査が盛んにおこなわれ、とくに貝殻山貝塚地点では紅村弘ら（一九四八年）、愛知学芸大学歴史学教室（一九五〇年）、名古屋大学考古学研究室（一九五六年）などが発掘調査をおこなってきた。また、貝殻山に近接する二反地《にたんじ》貝塚でも、久永春男により発掘調査がおこなわれた（一九六四、六五年）。

これらの調査によって、貝殻山貝塚の最下層の土器群は、東海地方の弥生土器としてもっとも古い様相をもつことがわかってきた。貝殻山貝塚は、尾張地方最古の弥生遺跡として、また、西日本を中心とする前期弥生文化の東限の遺跡として、研究者から注目された。

遺跡存亡の危機

昭和四〇年代に入ると、貝殻山貝塚周辺で土地改良事業が計画された。愛知県と清洲町は、貝殻山貝塚を含む地域を公園として保存する計画だったが、その調整のさなかにも工事は進められつつあった。

一九七一年三月から六月まで、四二カ所のトレンチ約四九〇平方メートルで発掘調査がおこなわれた。この調査では、弥生時代前期から中期初頭の貝層や遺物包含層が確認され、遠賀川《おんがかわ》系土器のほか、石器、骨《こっ》角器《かくき》など弥生時代の生活を知る豊富な遺物が出土した。

さらに調査終了間際には、貝層のなかから体を折り曲げた二体の人骨も発掘された（図4）。これは愛知県で初めて出土した弥生時代の人骨であった。

この調査の成果を受け、区画道路の計画

図４●貝殻山貝塚で発掘された人骨
棺などの埋葬施設はみつからず、埋葬体位は横臥屈葬であった。当時の鑑定によれば、いずれも熟年の男性、身長は約 160㎝ と推定されている。
当時は前期の土器をともなう層位から出土したことで、弥生時代前期の人骨と報告されたが、これには異論もあった。今日の見解では、弥生時代中期以降に貝層の上から掘られた墓坑だったと考えられている。

は一部変更され、貝殻山貝塚とその周辺は公園として保存されることになった。文化庁との協議もおこなわれ、一九七一年一二月には公園として保存された一万一六九・四平方メートルが国の史跡に指定された。

さらなる大規模開発

貝殻山貝塚で発掘調査と保存のための協議が進められていた頃、朝日遺跡の周辺ではさらなる大規模開発の計画が進行していた。名古屋環状二号線（国道三〇二号線）と国道二二号線名岐バイパスとのジャンクション建設計画である。

一九六九年から七二年にかけて、県教育委員会は二度の予備調査をおこなった。この調査によって、弥生時代中期から後期にかけての大集落が存在し、道路予定地から北と南に集落が分かれている可能性が想定された。また、貝殻山貝塚は遺跡の南西端にあり、弥生時代前期の遺物はこの限られた地域に広がることもわかってきた。

おぼろげながら集落の形が姿をあらわしつつあるなか、県教育委員会と建設省（現・国土交通省）中部地方整備局との間では遺跡の取扱いについて協議が重ねられ、一九七二年度から本発掘調査が開始された。これまで愛知県では誰も経験したことのない大規模発掘調査の始まりであった（図5）。

図5 ● 大規模な発掘調査
環状2号線建設にともなう発掘調査。広大な発掘調査区を避けるように仮設道路が迂回していた。

みえてきた弥生の巨大集落

一九七〇年代まで、朝日遺跡の発掘調査は県教育委員会が直営で実施していたが、調査規模が増大するにしたがって、専門の調査体制が必要とされるようになってきた。一九八一年、財団法人愛知県教育サービスセンター内に埋蔵文化財調査部が新設され、一九八五年には、埋蔵文化財調査部の機能を引き継ぐかたちで、財団法人愛知県埋蔵文化財センターが設立された。そして、一九八六年に海部《あま》郡弥富《やとみ》町（現・弥富市）に県埋蔵文化財調査センターが開所すると、埋蔵文化財センターの機能もここに移り、しだいに発掘調査体制が整えられていった。

環状二号線にともなう朝日遺跡の発掘調査も県埋蔵文化財センターに引き継がれ、一九八九年までおこなわれた。一九七二年の本調査開始からじつに一七年にわたる長期の発掘調査であった。

この発掘調査では、新しい発見が相次いだ。三〇メートルを超える巨大な方形周溝墓《ほうけいしゅうこうぼ》、溝のなかに設置されたヤナ状遺構、逆茂木・乱杭からなる防御施設、集落遺跡ではめずらしい銅鐸埋納《まいのう》遺構、愛知県では初となった玉作り工房跡など。これらの発見はときに新聞の紙面を飾り、学会や研究誌で取り上げられ、朝日遺跡の名は、東海地方を代表する弥生集落遺跡として不動のものとなっていった。

その後も朝日遺跡の発掘調査はおこなわれている。一九九五、九六年には史跡貝殻山貝塚の南側で県の新資料館建設予定地約五五〇〇平方メートルの発掘調査がおこなわれた。本書冒頭で紹介した私が参加した調査で、史跡貝殻山貝塚をかこむ弥生時代前期の環濠が発見された。

1929年	加藤務が貝殻山貝塚地点を調査
1948年	山田吉昭・紅村弘が貝殻山貝塚を調査
1950年	愛知学芸大学が貝殻山貝塚地点を調査
1956年	名古屋大学が貝殻山貝塚地点を調査
1960年	吉田富夫が竹村遺跡を調査
1964年	久永春男が二反地貝塚地点を調査
1965年	愛知工業高校が寅ヶ島第二貝塚地点を調査
1968年	貝殻山貝塚と検見塚が愛知県史跡に指定
1969～70年	愛知県教育委員会が環状2号線建設にともなう遺跡範囲確認のために朝日貝塚予備調査を実施
1971年	愛知県教育委員会・清洲町教育委員会が貝殻山貝塚地点を中心に範囲確認調査を実施 貝殻山貝塚を含む10,169.4㎡が国史跡に指定（12月15日）
1971～72年	愛知県教育委員会が第二次予備調査を実施
1972年～	愛知県教育委員会が環状2号線建設にともなう本発掘調査を開始（1980年まで継続）
1972・73年	春日村（現・清須市）教育委員会が寅ヶ島貝塚・竹村貝塚を調査
1975年	愛知県清洲貝殻山貝塚資料館が開館（4月）
1981年	財団法人愛知県教育サービスセンター埋蔵文化財調査部発足、環状2号線関係発掘調査を引き継ぐ
1985年	財団法人愛知県埋蔵文化財センター創立、環状2号線関係の発掘調査を引き継ぐ（1989年まで継続）　玉作り工房跡（1985）、逆茂木と乱杭・ヤナ・大形方形周溝墓（1986）、埋納銅鐸（1989）など重要な発見相次ぐ
1995・96年	貝殻山貝塚資料館拡充整備計画にともなう発掘調査、弥生前期の環濠を検出
1998年～	愛知県埋蔵文化財センターが近畿自動車道名古屋関線清洲JCT建設および県道高速清洲一宮線建設にともなう発掘調査を開始（2004年まで継続）
2001年～	名古屋市教育委員会が市営平田荘建て替えにともなう発掘調査を開始 最古級の銅鐸鋳型の発見（2004）
2004年～	愛知県埋蔵文化財センターが近畿自動車道名古屋関線清洲JCT・名岐道路・県道高速清洲一宮線および県道高速名古屋朝日線建設にともなう発掘調査（2007年まで継続）
2012年	朝日遺跡出土品2028点が国の重要文化財に指定（9月6日）

表１ ● 朝日遺跡の発掘調査史

図6 ● 高架下での発掘調査
2005年撮影。1998年以降の発掘調査は、既設の道路と重複しておこなわれた。また、遺跡の破壊を最小限にとどめるため、橋脚部分のみが発掘され、50～400m^2ほどの方形または長方形の調査区を矢板で仕切って掘り下げられた。写真下方はジャンクションの高架下でみつかった弥生時代後期の環濠。

図7 ● 市営平田荘の発掘調査と銅鐸の石製鋳型
最古級の菱環鈕Ⅰ式銅鐸の鋳型。4cmほどの小さな破片で、斜格子文と羽状文の文様帯をもつ。みつかった遺構の年代から、弥生時代中期初頭に廃棄されたと推定された。砥石として転用された形跡があることから、朝日遺跡で銅鐸の鋳造がおこなわれたのではなく、外部から持ち込まれたものではないかとする意見もある。

一九九八年から二〇〇七年にかけては、国道三〇二号線バイパス上に名古屋高速自動車道を敷設し新たなジャンクションを建設する工事に先立って発掘調査が実施された（図6）。この発掘調査では、巴形銅器《ともえがたどうき》・袋状鉄斧《ふくろじょうてっぷ》といった金属製品の新発見、ガラス玉が埋め込まれた赤彩壺《せきさいつぼ》、精緻な文様と赤彩が施された木製の鉢、シカの絵が描かれた筒形土器など、めずらしい遺物の出土が相次いだ。

朝日遺跡の発掘調査は、県や県埋蔵文化財センターだけでなく、地元の市町村教育委員会が主体となっておこなったものもある。とくに遺跡東側を含む名古屋市では、数多くの調査が実施されている。近年では市営平田荘の建て替えにともなって発掘調査がおこなわれており、遺跡北東部の集落の広がりが明らかになってきた。この発掘調査では、最古級の石製の銅鐸鋳型片が出土し（図7）、注目を集めた。

3　朝日遺跡の集落景観

こうして朝日遺跡という巨大な集落遺跡がその姿をあらわしてからおよそ四〇年、長期にわたる発掘調査がもたらした最大の成果は、弥生時代をとおして、居住域と墓域を含めた集落の変遷が明らかにされてきたことである。

現在わかっている朝日遺跡の基本的な集落配置は、つぎのような姿だ（図8・9）。東西に流れる谷地形をはさんだ北の微高地と南の微高地に居住域が営まれた。居住域は、環

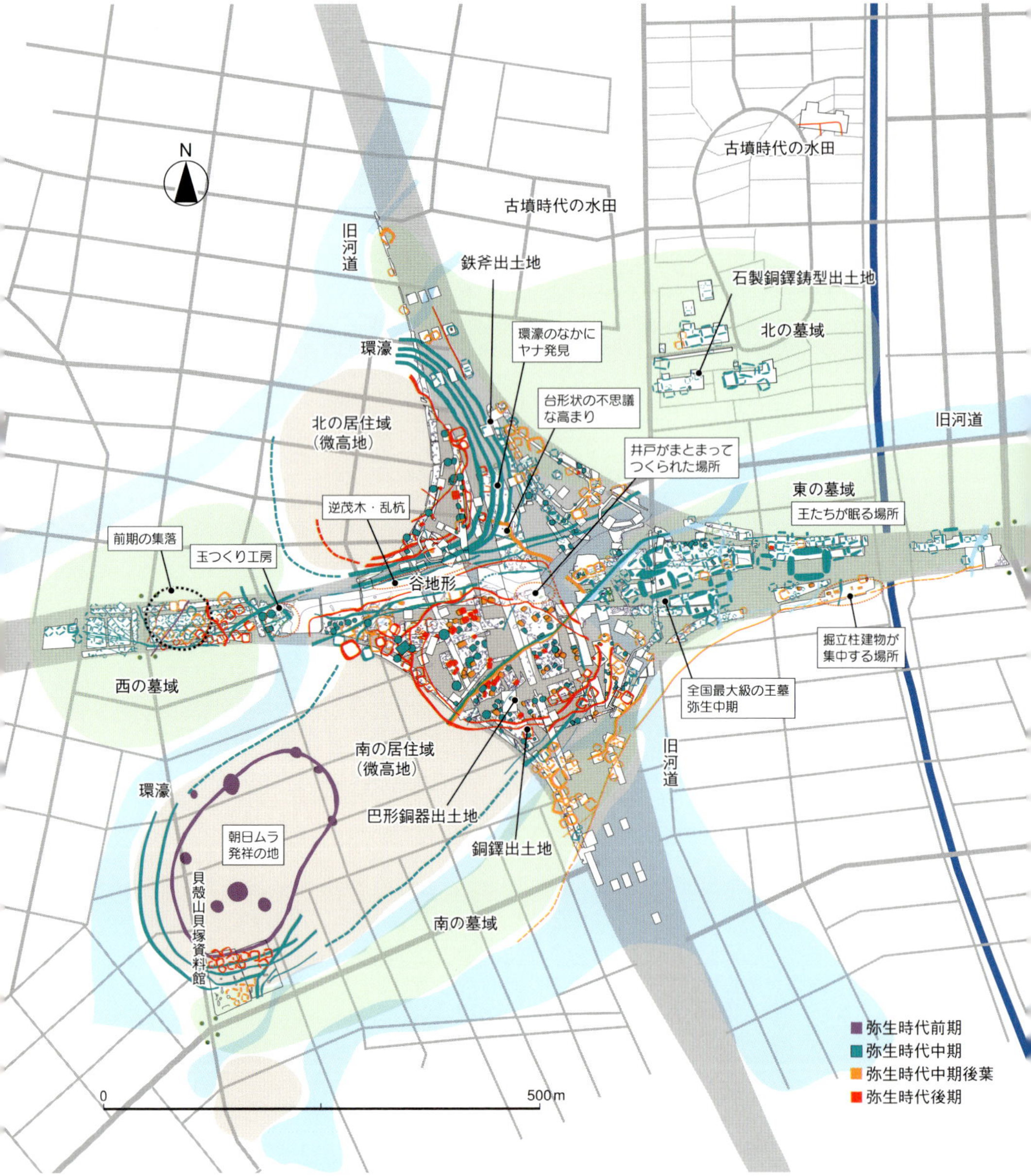

図 8 ● 朝日遺跡の集落景観

2009 年時点の最新の遺構配置図。過去 40 年におよぶ発掘調査の成果が集約されている。検出された遺構は、弥生時代前期から後期までの長期間にわたる。

濠や大小の溝で区画され、ある時期には逆茂木や乱杭からなる強固な防御施設が築かれていた。中央の谷をはじめ、集落内には大規模な貝層ができていた。居住域をとりかこむように、大規模な墓域が広がっていった。

これらの遺構群は、弥生時代前期から古墳時代前期にかけて、およそ七〇〇年以上におよぶ人びとの営みの結果である。それは濃尾平野を代表する大集落であるとともに、東西日本の弥生文化の結節点でもあった。

では次章から、時期を追って、朝日集落の人びとがどのような生活をしてきたのかをみていくことにしよう。

図９●弥生時代中期の朝日集落の復元イラスト
弥生時代中期中葉、朝日遺跡がもっとも巨大だった時期の集落景観を復元したイラスト。集落を西から望む。

第2章　貝殻山貝塚とその周辺——弥生時代前期

1　弥生前期の集落

弥生時代は、大陸から伝わった稲作をはじめとする農耕文化が日本列島に定着していった時代だ。とくに弥生時代初期の文化は、北部九州が大陸との窓口なり、西から東へと伝えられていった。一方、日本列島には縄文時代以来の文化・社会も存在していた。大陸からもたらされた文化は縄文時代以来の伝統的な文化と接触し、ときに新しい文化要素を生み出しながら弥生文化を形づくっていった。

朝日遺跡の営みが始まった弥生時代前期、西から東へと伝播した前期弥生文化は、愛知県西部の尾張地域に達したところでいったん足踏みをする。この東には縄文時代以来の伝統が強く残っていた地域であり、朝日遺跡は、まさに弥生と縄文が対峙する地に生まれた集落であった。

貝殻山貝塚

第1章でもふれたように、貝殻山貝塚は朝日遺跡の発掘調査の契機となった地点である。そして、朝日遺跡の集落史をひもとくうえで、集落の起点となった重要な場所でもある。

貝殻山は、地元の人びとの間では、古くから貝塚として認識されてきたようだ。昭和初期、この地点を最初に調査した加藤務は、「貝殻山と呼ばれる小山を中心に其の附近の畑一帯一畝に渡つて三尺乃至一丈餘の厚さの貝層が擴つている」と記している。

一九七一年の発掘調査時には、小山状の高まりを貝殻山貝塚（第一貝塚）とし、一五〇メートルほどの範囲を、第二貝塚、第三貝塚、中焼野貝塚、二反地貝塚の計五つの小貝塚の集まりとしてとらえていた（図10）。これらの貝塚からは、ハマグリ、カキ、シジミなどの貝殻とともに、弥生時代前期の遠賀川系土器を主体とする遺物が出土して

図10 ● 整備される前の貝殻山貝塚（岩野見司撮影）
1971年、貝殻山貝塚周辺の発掘調査時に撮影された。見渡すかぎりの田畑のなかに、こんもりとした貝殻山がみえる。

いる。このエリアは、弥生時代の朝日遺跡のなかでもっとも古く、人びとが住みはじめた集落としての出発点であったことを示している。

なお、昭和初期にこの地を訪れた鳥居龍蔵は、貝殻山貝塚について、「貝塚の上に後世古墳が出来たもので……全国に珍しいものである」と述べたとされる（『愛知県の石器時代』より）。一九九五・九六年の発掘調査では、弥生時代中期から後期の方形周溝墓が多数みつかっているが、一部の墳丘は古墳時代中期まで利用されていた形跡がある。鳥居が考えたように、貝殻山貝塚は、弥生時代中期以降の墳墓が現在まで形をとどめたものかもしれない。

前期の環濠集落

集落をかこむようにめぐらされた堀（溝）のことを環濠という。集落を防御するための施設だ。弥生時代は農耕の開始にともなって集落間・地域間の争いがしばしば起こっていたとされるが、環濠集落はこの時代を特徴づける集落の形態である。

一九九五から九六年にかけての発掘調査で、この環濠とみられる溝の存在が明らかになった。貝殻山貝塚周辺の前期弥生集落は、弥生時代の象徴ともいえる環濠集落として成立したことがわかったのである。

現在わかっている弥生時代前期の集落はつぎのようなものだ（図11）。幅二・五から四・五メートルの断面が箱形の環濠が史跡指定地の南側をかこむようにめぐっている。この環濠の内部にはカキ、ハマグリなどの貝殻が厚く堆積し、弥生時代前期から中期初頭の土器や石器が出

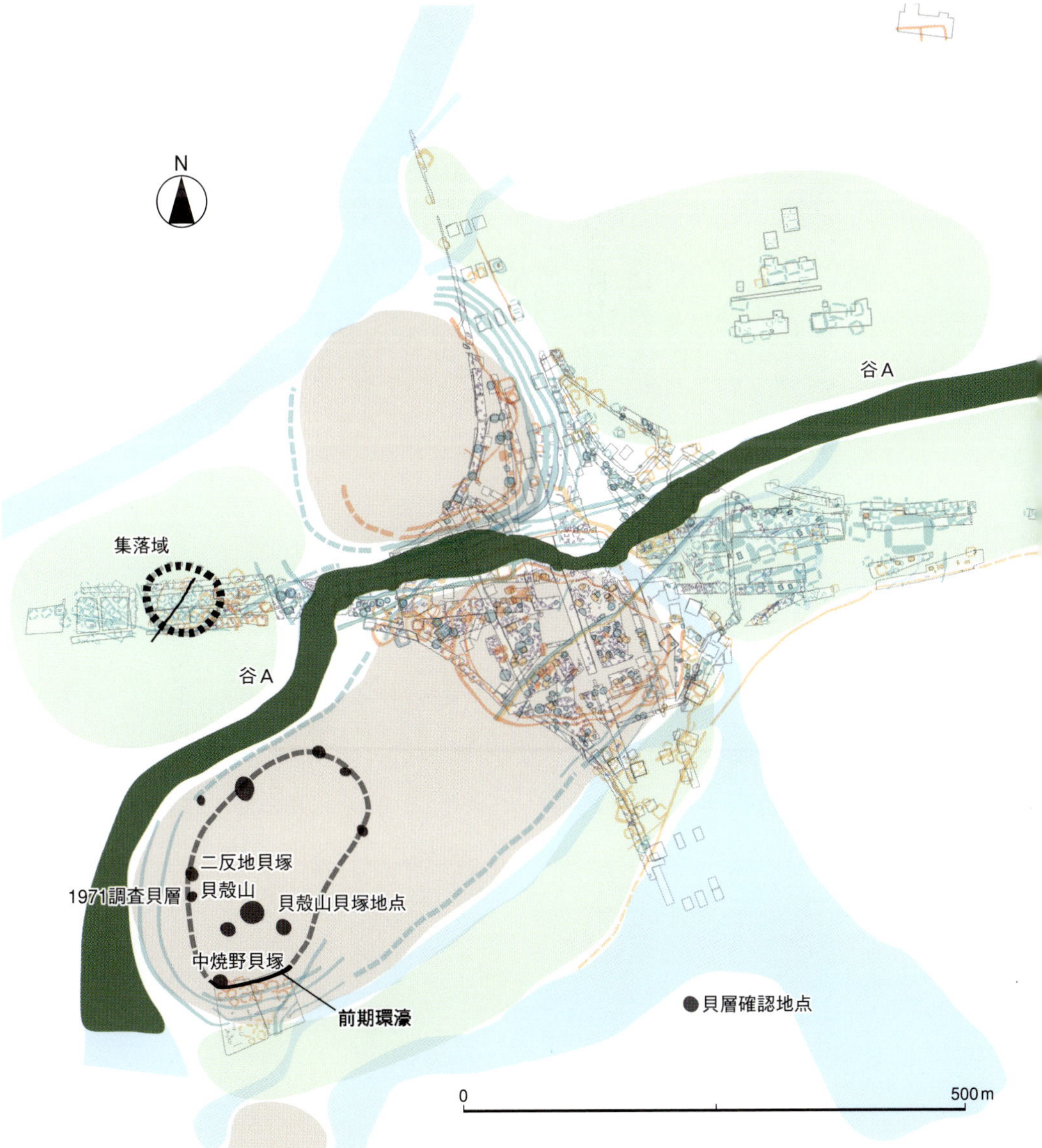

図 11 ● 弥生時代前期の主要遺構配置図

貝殻山貝塚周辺に点在する貝塚のいくつかは、弥生時代前期の環濠に廃棄された貝層の可能性がある。前期の集落は、径約 150 〜 250 m の楕円形の環濠集落とみられるが、集落内部の詳細はよくわかっていない。

土している。

貝殻山貝塚周辺の前期土器をともなう貝層を結ぶと、南北二五〇メートル、東西一五〇メートルほどの楕円形の環濠集落になると推定される。残念ながら、建物跡など環濠内部の状況はほとんどわかっていない。

前期の主要な集落遺構は、この貝殻山貝塚地点に集約されているが、谷をはさんだ北側にも前期の土器が出土する地点がある。ここでは、貝殻山貝塚地点のように溝などの明確な遺構はみつかっておらず、出土する土器も条痕文系《じょうこんもん》土器のように在来色が強いことから、貝殻山貝塚地点とは系譜の異なる別の集落が近接して併存していた可能性も考えられている。

2 複雑な土器の系譜

弥生的な土器と縄文的な土器

弥生時代初めの伊勢湾周辺地域では、遠賀川系と条痕文系という対照的な土器が使われていた（図12・13）。

遠賀川系土器は、福岡県遠賀郡水巻《みずまき》町立屋敷《たてやしき》の遠賀川に由来する前期弥生文化を象徴する土器だ。壺・甕・鉢・蓋《ふた》・高杯《たかつき》がある。遠賀川系土器は、西日本の弥生文化に由来する新出の土器群だが、伊勢湾地域は少し複雑な状況で、「正統遠賀川系」とよぶ一群と「亜流遠賀川系」とよぶ一群の二系統からなっている。「正統遠賀川系」は広く西日本と共通する器形・文様で、

図 12 ● **遠賀川系土器**（弥生時代前期）
遠賀川式土器は西日本の広い範囲に分布する土器で、初期稲作文化の伝播の指標と考えられている。尾張地域は遠賀川式が主体となる東限の地域である。

図 13 ● **条痕文系土器**（弥生時代前期〜中期前葉）
遠賀川式土器が西日本を主体とするのに対し、条痕文系土器は東日本に広く分布する。表面の荒い条痕文が特徴。

尾張地域を中心に分布している。一方、「亜流遠賀川系」は赤っぽい特徴的な色調と地域独自の文様をもっており、伊勢地域南部との関係が強い。

　条痕文系土器は、在来の縄文時代晩期の突帯文《とったいもん》系土器から派生した土器群で、表面の仕上げに条痕文とよばれる独特の荒い工具が用いられている。おもに壺と深鉢（甕）からなり、尾張より東の三河や美濃方面で主体となる土器群である。

　これらに加えて、突帯文系統の深鉢と遠賀川系の甕との折衷形態である「削痕《さっこん》

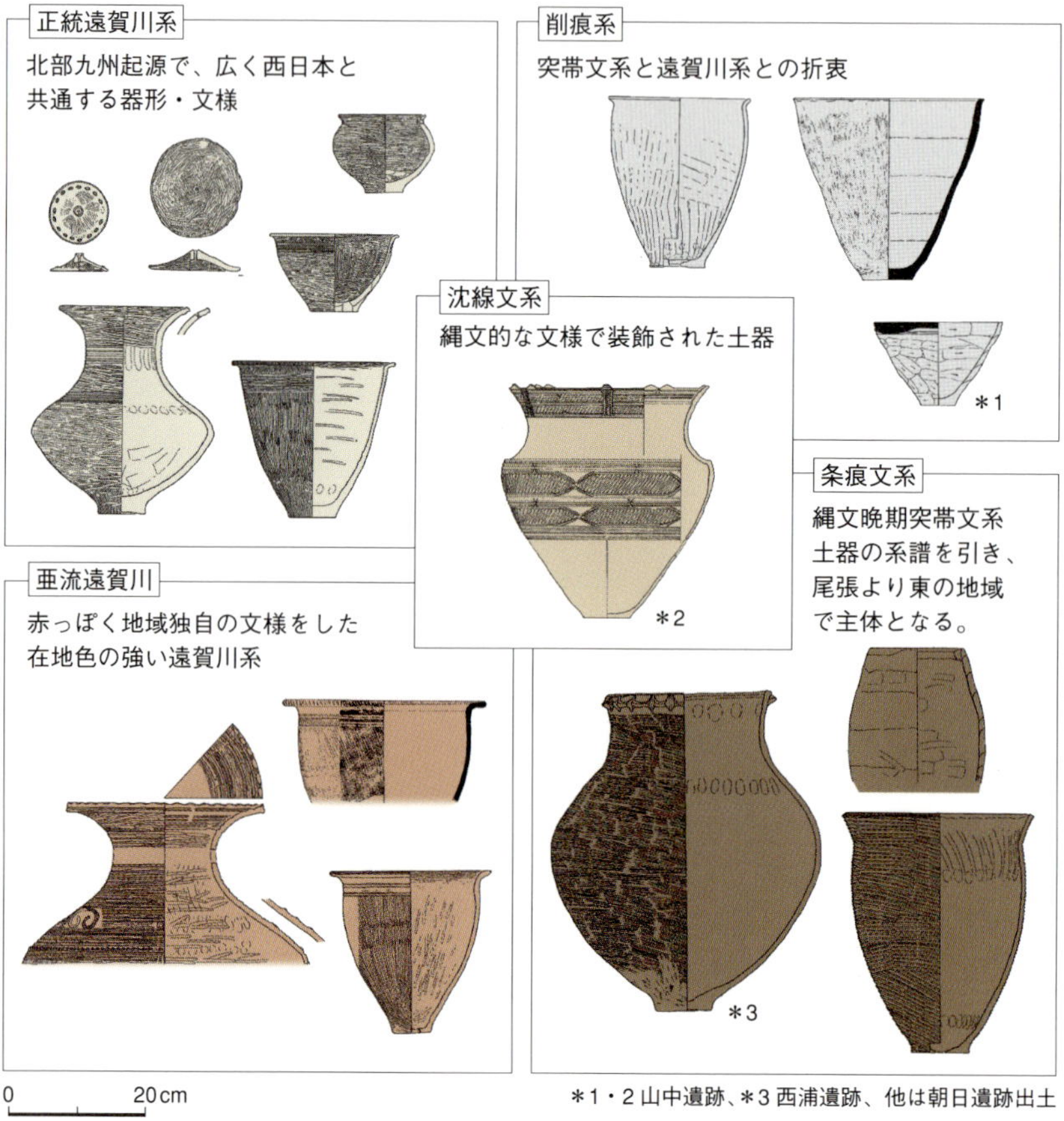

＊1・2 山中遺跡、＊3 西浦遺跡、他は朝日遺跡出土

図 14 ● 前期弥生土器の系譜
多系統の土器が、地域や遺跡ごとに偏りをもちながら複雑に併存していた。

系深鉢」、多重沈線《ちんせん》で飾られる「沈線文系土器」など、美濃や飛騨・信濃方面と関係が深い土器もともなう。このように多系統の土器が、地域や遺跡ごとに偏りをもちながら共存するのがこの地域の特徴である（図14）。朝日遺跡は「正統遠賀川系」を主体とする集落であると同時に、これらすべての系統の土器が出土している。

3　弥生前期の地域社会

弥生時代前期の尾張地域には、朝日遺跡以外にも遠賀川系土器を主体とする環濠集落が分布する（図17）。

一宮市八王子《はちおうじ》遺跡、同元屋敷《もとやしき》遺跡、名古屋市西区月縄手《つきなわて》遺跡、春日井市松河戸《まつかわど》遺跡、名古屋市北区西志賀《にししが》遺跡、同熱田区高蔵《たかくら》遺跡などである。

条痕文系土器が主体となる尾張より東の地域でも、西尾市江尻《えじり》遺跡、豊橋市白石《しらいし》遺跡など、遠賀川系土器を出土する環濠集落が点在している。

これらの環濠集落は、いずれも稲作農耕を生業の基盤としていたと考えられる。松河戸遺跡では、鍬《くわ》、竪杵《たてぎね》などの木製農具が出土しており、環濠集落の出現が稲作農耕と深く関係していることがうかがえる。

弥生時代の始まりとともに各地に出現した環濠集落は、この地域に本格的な稲作農耕を導入した人びとのコロニー的な集落だったと考えられる。濃尾平野では約一〇カ所で環濠集落が営

朝日遺跡の収穫具

貝殻山貝塚のまわりをめぐる環濠からは、大量の貝や土器のほかに若干の石器が出土している。ただし、磨製石斧《ませいせきふ》や磨製石庖丁《いしぼうちょう》といったいわゆる大陸系磨製石器はあまりみられない。かわりに、粗《そ》製剝片《せいはくへん》石器とよんでいる簡易な打製《だせい》石器が多くを占めている（図15）。

この石器は、濃飛《のうひ》流紋岩《りゅうもんがん》や砂岩《さがん》など木曽川流域の河原にある少し扁平な円礫《えんれき》を原材とし、礫の側縁《そくえん》に強い打撃を加え、割りとられた剝片を使用した比較的大形の石器だ。通常は、打点《だてん》と反対に生じた鋭い縁辺《えんぺん》を、加工することなくそのまま刃部《じんぶ》とする。背部《はいぶ》や側縁には敲打《こうだ》や剝離など簡単な加工を加えているが、まったく加工せずに剝片をそのまま使用したものもある。

この石器の特徴は、刃部の広い範囲にロウを塗ったような光沢がみられる点だ。この部分を高倍率の金属顕微鏡で拡大すると、光を強く反射する非常になめらかな面が観察される（図16）。これはコーングロスやシックルグロスとよばれる使用痕で、植物珪酸体《けいさんたい》を多く含むイネなどの草本植物を切断することで生じる特徴的な使用痕だ。実験によって、イネの根株などをまとめて刈りとったり、除草作業に用いられた農具だと推定されている。

粗製剝片石器と同じような石器は、近年、高知県南国市田村遺跡群、和歌山県御坊《ごぼう》市堅田《かただ》遺跡などの弥生時代前期の遺跡でも出土し、中期以降には、北陸地方や東北地方など広い範囲に広がる。

地域によっては、板状に節理する安山岩を素材として、同様な機能をもつ石器をつくっている。斎野裕彦はこれらの石器を「大型直縁刃石器《おおがたちょくえんばせっき》」と命名し、弥生時代の農耕文化にともなう石器として位置づけている。

≪コラム≫

図 15 ● **粗製剝片石器**（上・中）**と磨製石庖丁**（下）
粗製剝片石器は、扁平な円礫を打ち割り、剝片の鋭い縁辺をそのまま刃とする。石器の両サイドや背の部分に加工を加え形を整えたものもみられる。写真は弥生時代中期の資料。

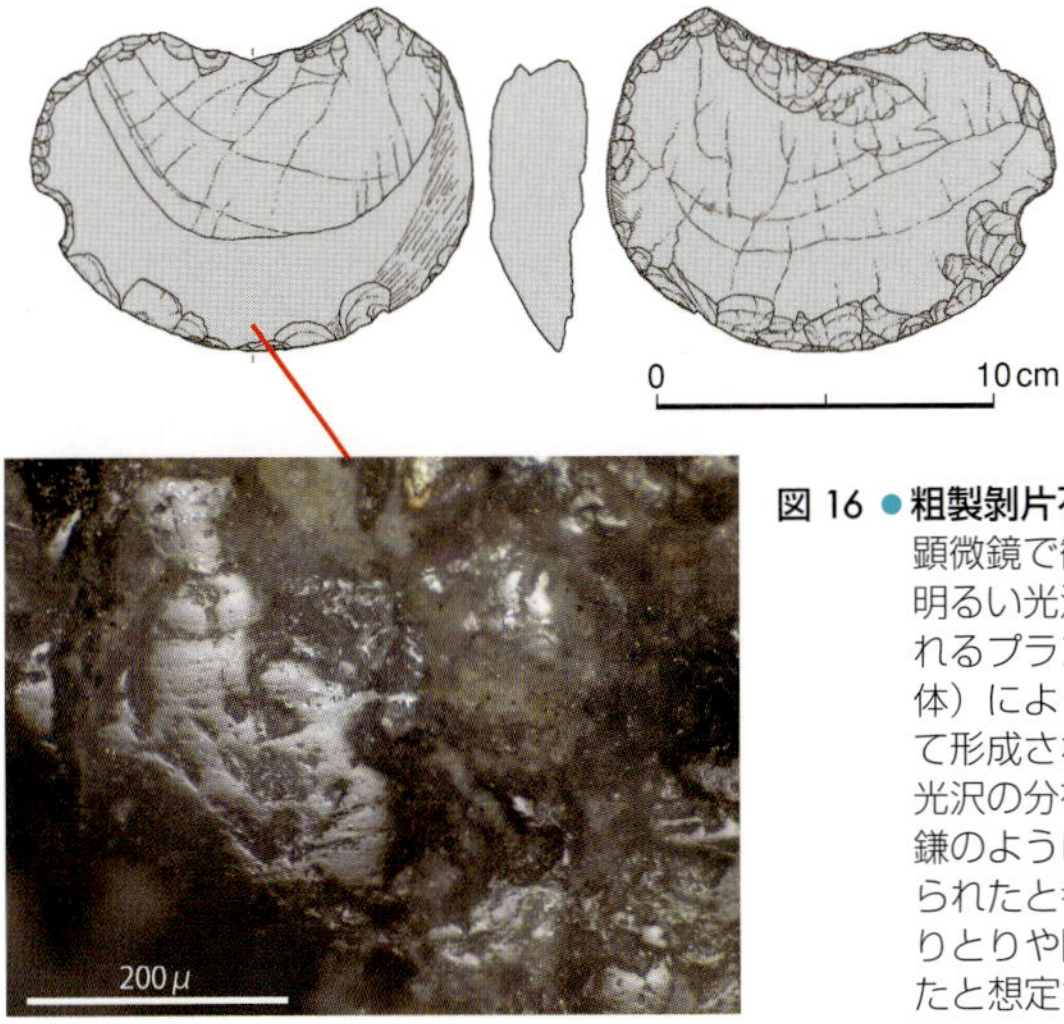

図 16 ● **粗製剝片石器の使用痕顕微鏡写真**
顕微鏡で観察した光沢部分。非常に明るい光沢面は、イネ科植物に含まれるプラント・オパール（植物珪酸体）によって、石材の表面が摩耗して形成されたものである。
光沢の分布や線状のキズによって、鎌のように刃を平行に動かして用いられたと考えられ、イネの根株の刈りとりや除草などの作業に用いられたと想定されている。

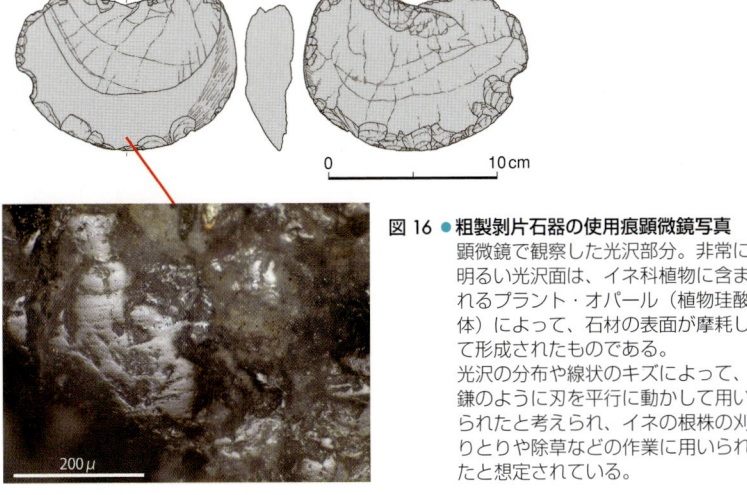

まれており、朝日遺跡はそのなかでも中心的な存在である。三河沿岸部の二遺跡より東方の諸地域には環濠集落は一例も確認されていない。朝日遺跡周辺の遺跡群は、西日本的な本格的な稲作農耕社会が弥生時代前期に形成されていたことを示している。そして、三河から東濃一帯を本拠とする条痕文系土器、美濃・飛驒・信濃へとつながる削痕系・沈線文系土器など、縄文時代以来の伝統を色濃く残す土器を使う人びととの交流、軋轢、融合のなかで、この地の前期弥生社会を形成していったのである。

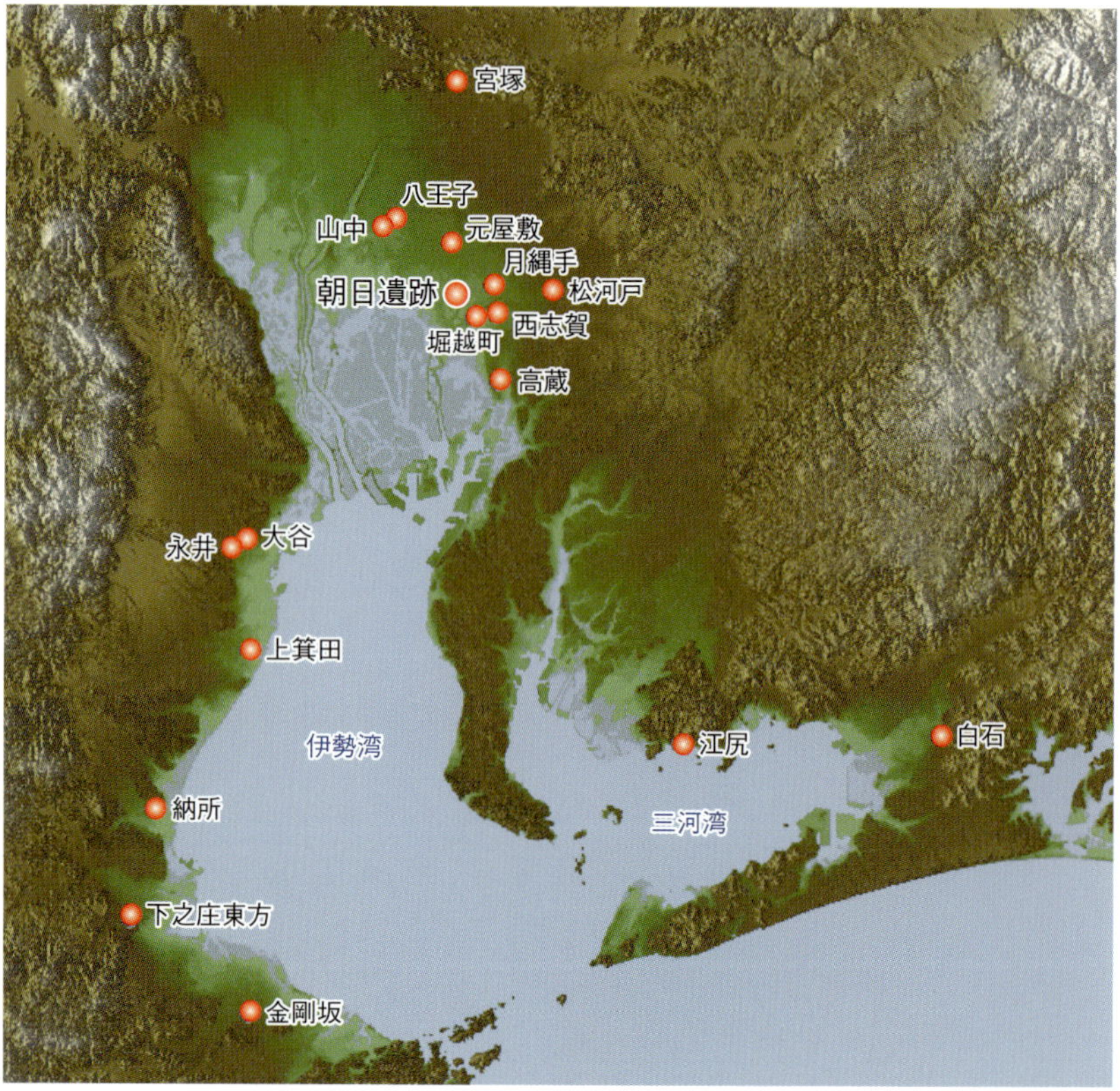

図 17 ● 伊勢湾周辺地域のおもな弥生時代前期の環濠集落
遠賀川系土器を主とする前期の環濠集落は、伊勢湾西岸部から濃尾平野東部にかけて分布し、一部三河沿岸部にも達している。これらの集落が弥生文化東進の最前線であった。地図はカシミール 3D で作成。

第3章　弥生時代の都市計画——弥生時代中期

1　集落の基本計画

名古屋市を中心とする経済圏は、東京（首都圏）と京都（京阪神圏）の中間にあることから、中京圏とよばれる。この地域は、東西交通の要所である地の利を活かし、独自の工業・経済を発展させてきた。とくにものづくりを得意とする地域だ。また、最近では、名古屋発の食文化やファッションが全国的なトレンドになるなど、独自性の強い文化も注目されている。

弥生時代においても、この地域は、西日本と東日本の中間にあって、流通、文化の発信地として重要な役割を担っていた。なかでも弥生時代中期の〝朝日集落〟は、東西文化の中継地であり、さまざまなものづくりをおこなう集落として、最盛期を迎えていた。

弥生時代前期の朝日遺跡は決して規模の大きな集落ではなかったが、弥生時代中期初頭になると一気に集落域が拡大する。さらに中期前葉から中葉にかけて、環濠集落としての基本的なプランが確立する。この時期が集落の最盛期といえるが、たんに面積が拡大しただけでなく、居住地の配置・墓地の造営といった集落構造、複雑で多岐にわたる生産活動を包括するなど、弥生時代版の都市計画とでもいえる計画性がみられる。

溝による区画—北居住域と南居住域

朝日遺跡では、厚い堆積層のなかに遺構が複雑に重複しているため、竪穴《たてあな》住居や土坑《どこう》といった遺構の詳細な変遷や分布を追うことはとても難しい。そこで、まずは環濠や溝など規模が大きくわかりやすい遺構をもとに、集落の核となる居住域の基本的な配置を確認していくことにしよう(図18)。

貝殻山貝塚周辺の前期集落は、その後、北側の谷Aに沿って東へと居住域を拡大したようだ。谷Aと谷Bが接するあたりを中心に調査がおこなわれているが、居住域を外部と区画する溝のほか、居住域内部も大小の溝で区画されている。

さらに、谷Aをはさんだ北側に、新たに幅五~六メートルの環濠でかこまれた北居住域ができる。北居住域の南側には、大溝で区画された別区が設けられた。北居住域内部は、環濠に沿った縁辺しか調査されていないが、比較的大型の円形竪穴住居が配置されている。

造墓計画—東墓域と西墓域

弥生時代に特徴的な墓に方形周溝墓《ほうけいしゅうこうぼ》がある。溝で四角に区画した墳丘《ふんきゅう》をもつ墓で、尾張地域

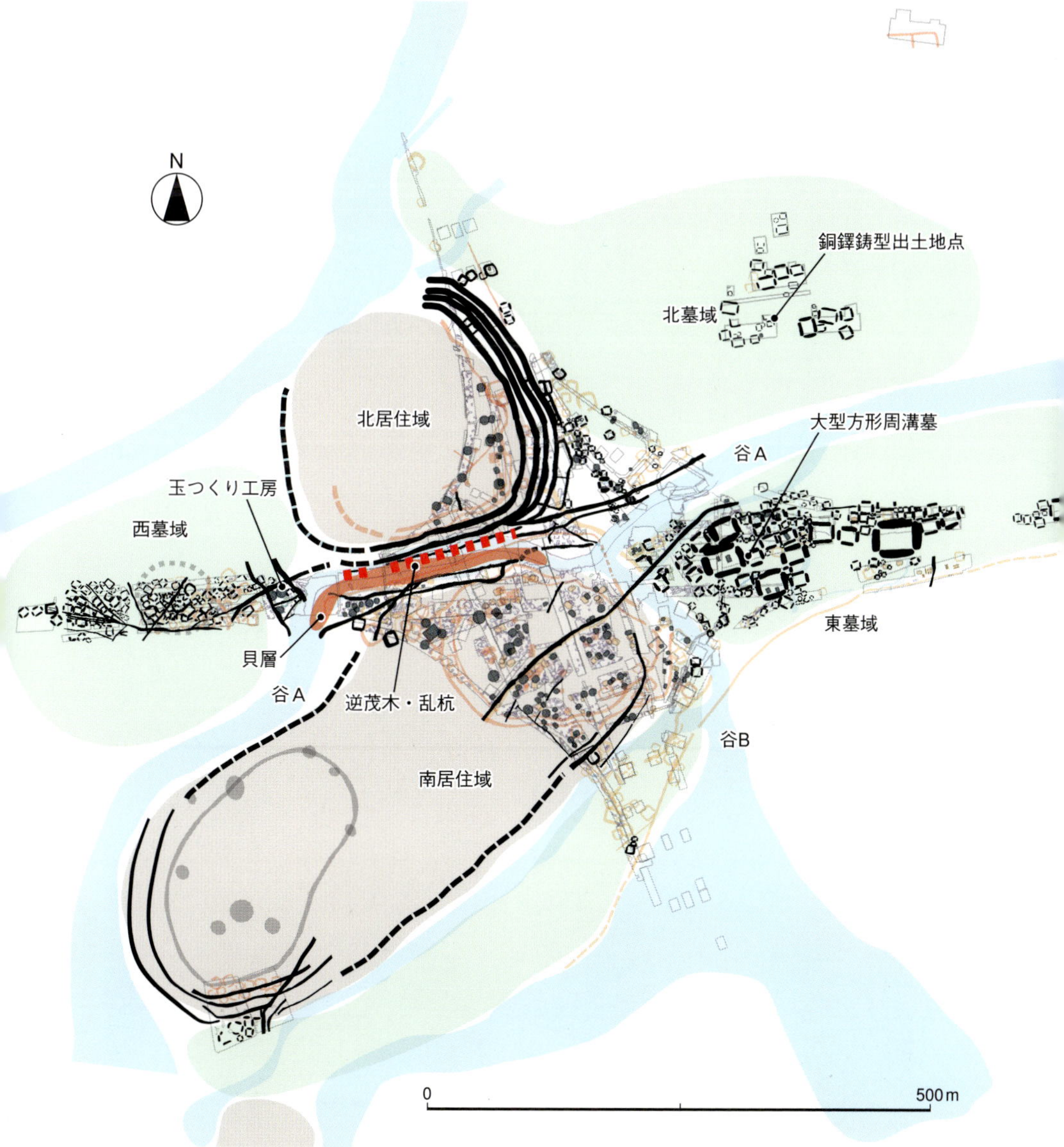

図 18 ● 弥生時代中期初頭から中葉の主要遺構配置図
南と北の居住域、東と西の墓域など集落の基本的な配置が定まり、
集落の規模は最大になった。

では一宮市山中遺跡《やまなか》において前期から出現していることが確認されている。西日本でみられる方形周溝墓とはちがって、四角形の四隅に当たる部分を掘り残し、陸橋をもつタイプの墓がこの地域の特徴だ。

朝日遺跡では、弥生時代中期前葉からの造墓活動が明らかになっている。谷と南北の居住域をはさんで、東と西に方形周溝墓を主とする大きな墓域がつくられ、それぞれ東墓域、西墓域として中期中葉まで継続する。

しかし、この二つの墓域は、墓の形態や造営の仕方に大きなちがいがある。西墓域は東墓域より若干古く、中期前葉から造墓活動が始まった。一辺五〜一〇メートル前後の中型のものにほぼサイズが統一され、連接または列状に配置されている。数は多くないが、土坑墓群や土器棺墓がともなっているようだ。

一方、東墓域では、核となる大型の墓がつ

図19 ● **大型方形周溝墓**
朝日遺跡では一辺が30mを超える巨大な方形周溝墓が築かれていた。
弥生時代中期としては、全国でも最大規模の墳墓である。

くられ、これをとりまくように中小の墓がブロック単位でつくられていった。大きさも最大のものは一辺三〇メートルをこえる巨大なものがあり（図19）、一辺一〇メートル程度の中型、数メートル以下の小型墓まで、多様なサイズの方形周溝墓で構成されている（図20）。

東西の墓域にあらわれたちがいは、集落に居住した人びとの出自や階層のちがいなどが反映されていたと考えられる。居住域の構造の複雑さが墓域の造営にも反映され、朝日集落の集団構成の複雑さをあらわしているようにもみえる。

大規模な貝層

南北の居住域の間を東西にのびる谷Aでは、弥生時代中期から大規模な貝層の形成が始まった（図21）。中期の貝層は

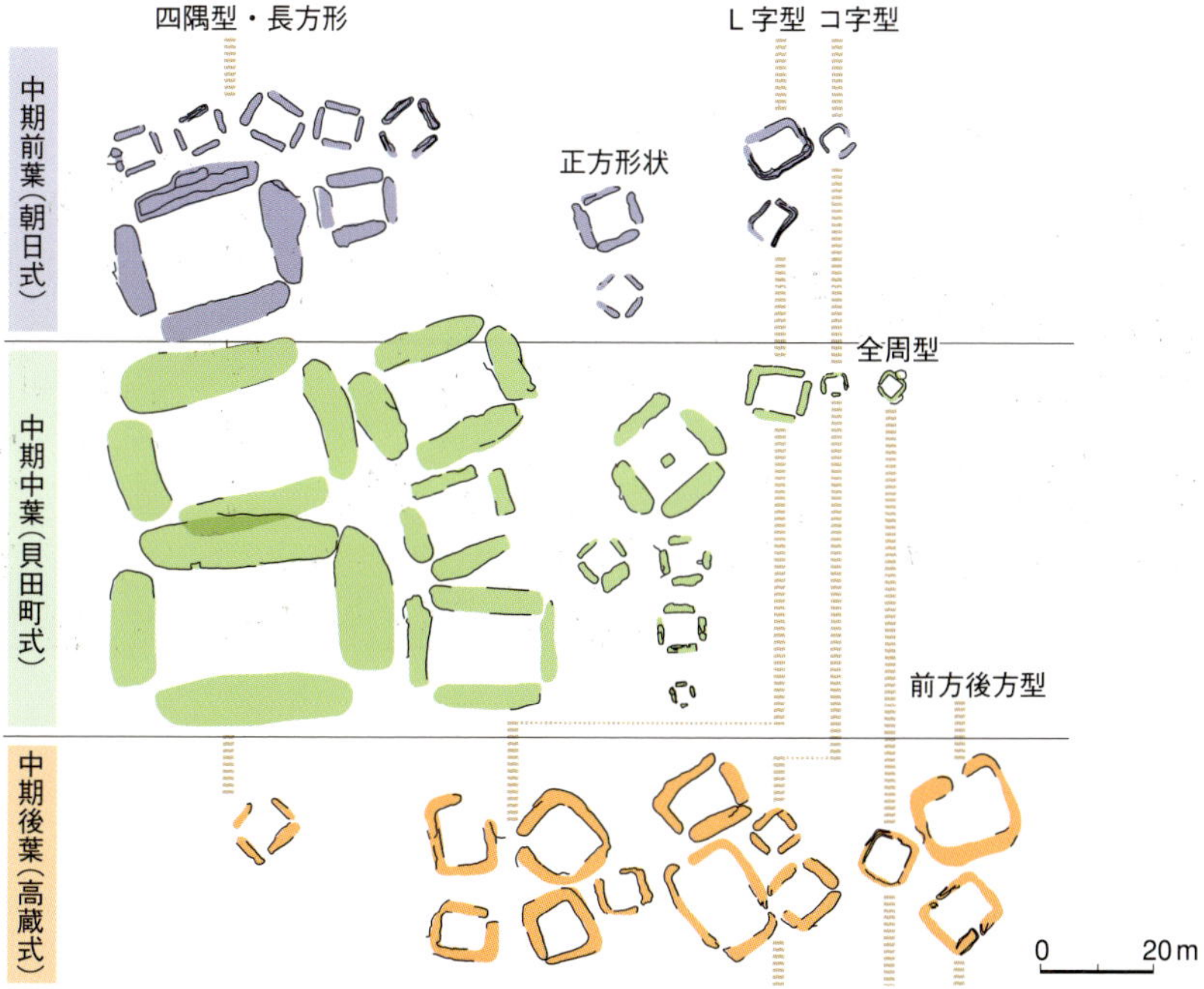

図20 ● 弥生時代中期の方形周溝墓の形態と規模
中期前葉から中葉にかけては、四隅が切れる「東日本型」の形態が多く、大きさは大から小までさまざま。中期後葉以降は、多様な形態があらわれるが、大きさは画一化する。

大型のハマグリを主体とし、マガキ、ヤマトシジミなどが次ぐ。

弥生時代には、朝日集落の近くに遠浅の干潟が広がっていたようだ。しかし、この時期、伊勢湾周辺部の遺跡では、貝塚を形成するような遺跡は少ない。むしろ、朝日遺跡や名古屋市北区の西志賀遺跡など特定の遺跡に集中して、大きな貝塚がつくられていることが注目される。

貝層にともなって魚類の骨も出土している。多くはコイやフナなどの淡水魚だが、イワシ、アジ、スズキ、カレイといった沿岸性の魚類も捕獲されていた。

考古学的な資料としては、骨角製のモリ・ヤス、釣り針、石製・土製の漁網錘などがあり（図22）、多様な漁労活動がおこなわれていたことがわかる。

一般的に、稲作農耕と貝類の採取は作

図 21 ● 貝層断面（上）と出土した貝殻（左）
左写真の貝殻は、左上がハマグリ、右上がシジミ、下がカキ。

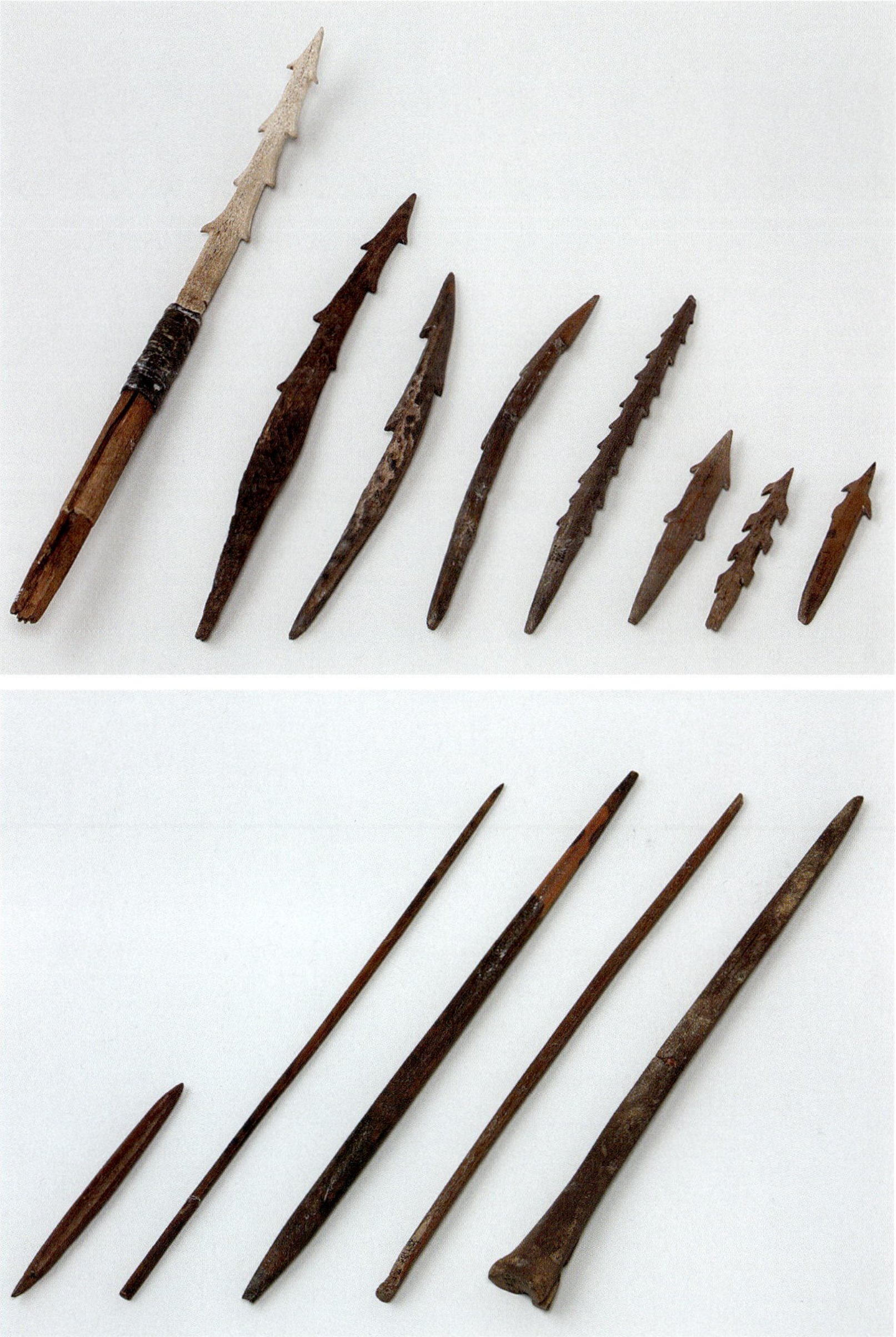

図 22 ● 骨角製漁労具
上：鹿角製モリ。左端は柄に装着された状態で出土したもの。
下：ヤス。シカの中手骨、中足骨を分割してつくられた。

業時期が重なることから、弥生時代になると貝類の採取活動は低調になり、貝塚も小規模化すると考えられている。活発に貝類の採取や漁労活動がおこなわれていた朝日集落には、通常の農作業には従事せず、貝類の採取や漁労にたずさわる人びとも多く居住していたと考えられる。ここにも、朝日集落の集団構成の複雑さがあらわれている。

巨大集落の構成要素

長年朝日遺跡の発掘調査にたずさわってきた石黒立人は、朝日遺跡をはじめとする弥生集落のあり方をテーマとして数多くの論文を発表している。石黒は、弥生時代中期の朝日遺跡を集住複合型の集落ととらえ、多種多様な生業・手工業生産を集約化したことが、大規模集落成立の前提だったと考えている。

朝日遺跡の居住域と墓域をあわせた規模は、吉野ヶ里遺跡の外環濠にかこまれた範囲にも匹敵し、日本国内で最大クラスの弥生集落だ（図23）。

この集落の大きさは、通常の弥生集落がいくつか集まった規模に相当する。実際、このなかには、北と南の大きく二つの居住域があり、南居住域の内部は溝によってさらに複数の単位に区画されていた可能性もある。東西の墓域は、時期によって複数のブロックに分かれて造営された。朝日集落は、複数の弥生集落に相当する集団が集まって営まれた巨大な集落だったと考えられる。

また、集落の規模が大きいのは、数や量的な部分だけではない。大型方形周溝墓や環濠掘削

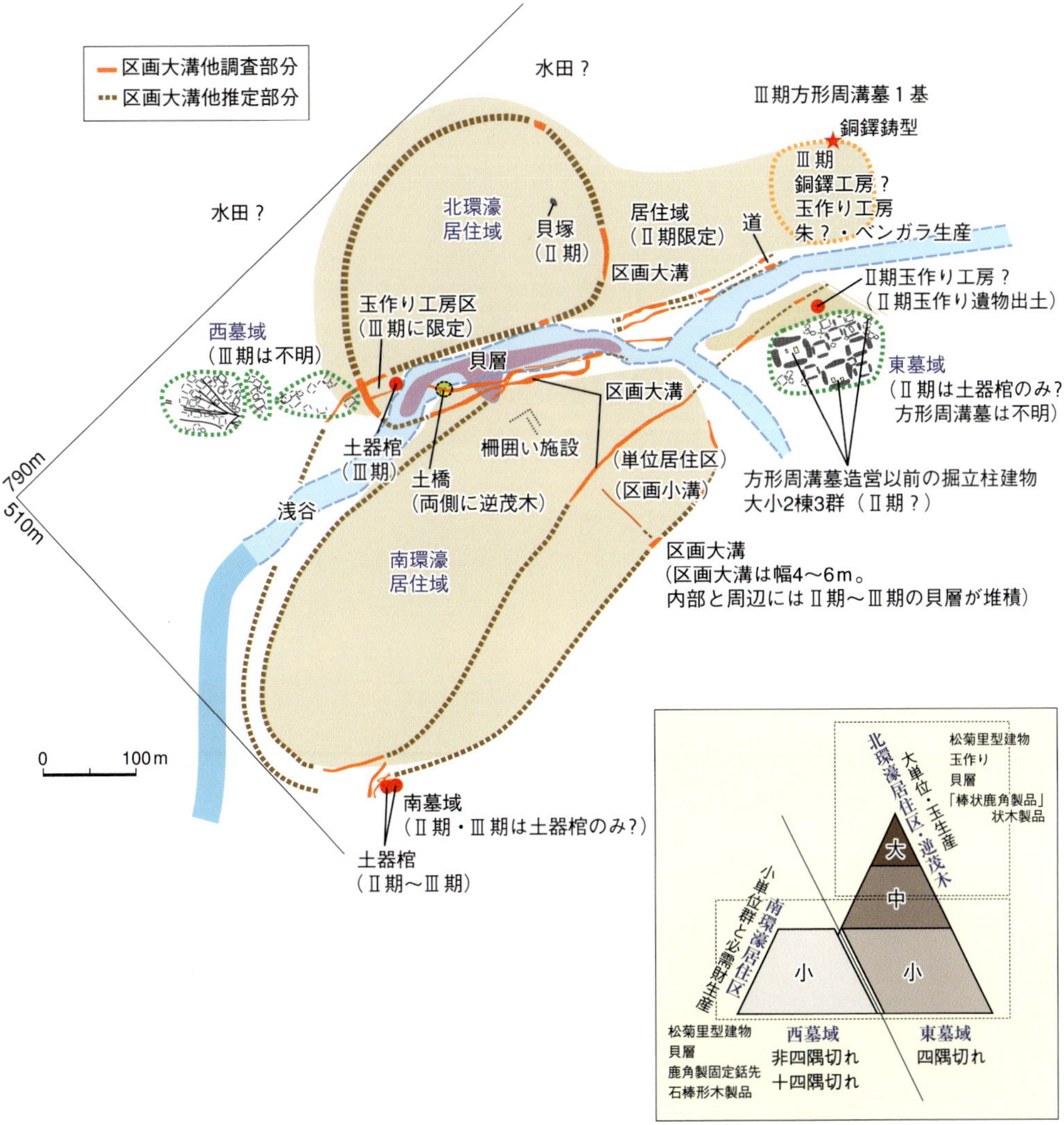

墓域・周溝墓サイズと居住域の関係

図 23 ● 弥生中期の集落構成モデル

石黒による集落構造の推定復元図。居住域は大溝により区画され、内部は小溝や柵などで 100 ～ 120 m ほどの居住区に分かれていたと想定されている。また、東墓域と西墓域の墓の形態、サイズのちがいには、北居住域と南居住域の性格のちがいと、集落を構成する人びとの階層のちがいが反映されていると考えられている。

などの大規模な土木工事への労働力の投下、通常の集落では低調な貝類採取や漁労活動に関わる人びとの存在、後にみるように多様な手工業生産と中・広域の流通拠点の形成といった、通常の集落にはみられない多様性、複雑性をも備えていたのである。

2　強固な防御施設は何を意味する？

逆茂木と乱杭

朝日遺跡の名を全国的に知らしめた発見として、「逆茂木」や「乱杭（杭列）」などの強固な防御施設がある。これらの遺構のイメージから、しばしば要塞的な集落として描かれてきた。防御施設は北居住域の南側でみつかっている。遺構は複数の時期につくられていたが、もっとも強固なのは、中期後半の時期の多重防御施設だ。

環濠（図24）　北居住域をめぐる環濠が掘削される。環濠の内側には、土塁《どるい》が築かれていたと復元されている。

逆茂木（図25）　溝のなかから、打ち込まれた杭、枝がついたままの木が折り重なるように出土した。主要な樹種はカシで、切り出してきた木の太さ、形状に合わせて使われていたようだ。逆茂木の構造について、発掘担当者の石黒立人は、つぎのように構築したと想定している。①溝を掘削し、底面に杭を打ち込む。②杭に枝を張った樹木を固定し立て並べる。③溝に直交して枝の張った樹木を外側に斜めにねかせて多数並べる。小さなものは溝内南寄りに立て並

図 24 ● **三重の環濠**
北居住域の東側には、多重の環濠が設置され、集落の守りが固められていた。
写真上方にわずかに発掘作業がみえる。

図 25 ● **逆茂木**（さかもぎ）
溝のなかから、枝がついたままの木が幾重にも重なって出土した。
もとは立て並べられていた柵が崩れ落ちたものとみられる。

べる。④溝を埋めて固定する。この施設は、外からの侵入を阻む防御用の柵で、中世に用いられた逆茂木と同じような構造物であることから、弥生時代の逆茂木として、呼び名が定着した。

乱杭（図26）　逆茂木の外周で、居住域の外側に向かって打ち込まれた杭列の根本の部分がみつかっている。この施設も柵のような構造物であったと考えられている。

この施設は居住域を全周するのではなく、北居住域の南、すなわち谷をはさんで南居住域と向かい合う部分を中心にみつかっている。この部分は、北居住域の環濠、枝付きの木を組んだ逆茂木、地中に打ち立てた杭列と、何重にもわたる防御帯が築かれ、もっとも強固に守られていた（図27）。

「戦乱の弥生時代」像

戦後の登呂《とろ》遺跡の発掘調査以後、弥生時代の集落像はのどかな農村集落のイメージで描かれてき

図26 ● **乱杭**（らんぐい）
斜めに打ち込まれた杭が密集し、帯状の杭列をなしていた。

た。しかし、発掘調査が進むと、人に対する専用の武器の発達、武器の副葬や武器の儀器化、環濠などの防御施設の発掘といった考古学的な成果が蓄積され、この時代には戦争とよべるような武力的な抗争がおこなわれていた、というように弥生時代のイメージも変わってきた。

朝日遺跡で発掘された、環濠、逆茂木、乱杭からなる多重防御施設は、まさに弥生時代の戦いの様を彷彿とさせる遺構として知られるようになり、各地の遺跡整備や弥生時代の復元画にも大きな影響をあたえることになった（図28）。

逆茂木は洪水対策の施設？

弥生集落の防御性を象徴する施設として定着したかにみえるこれらの遺構群について、最近になって異なる見解が提出

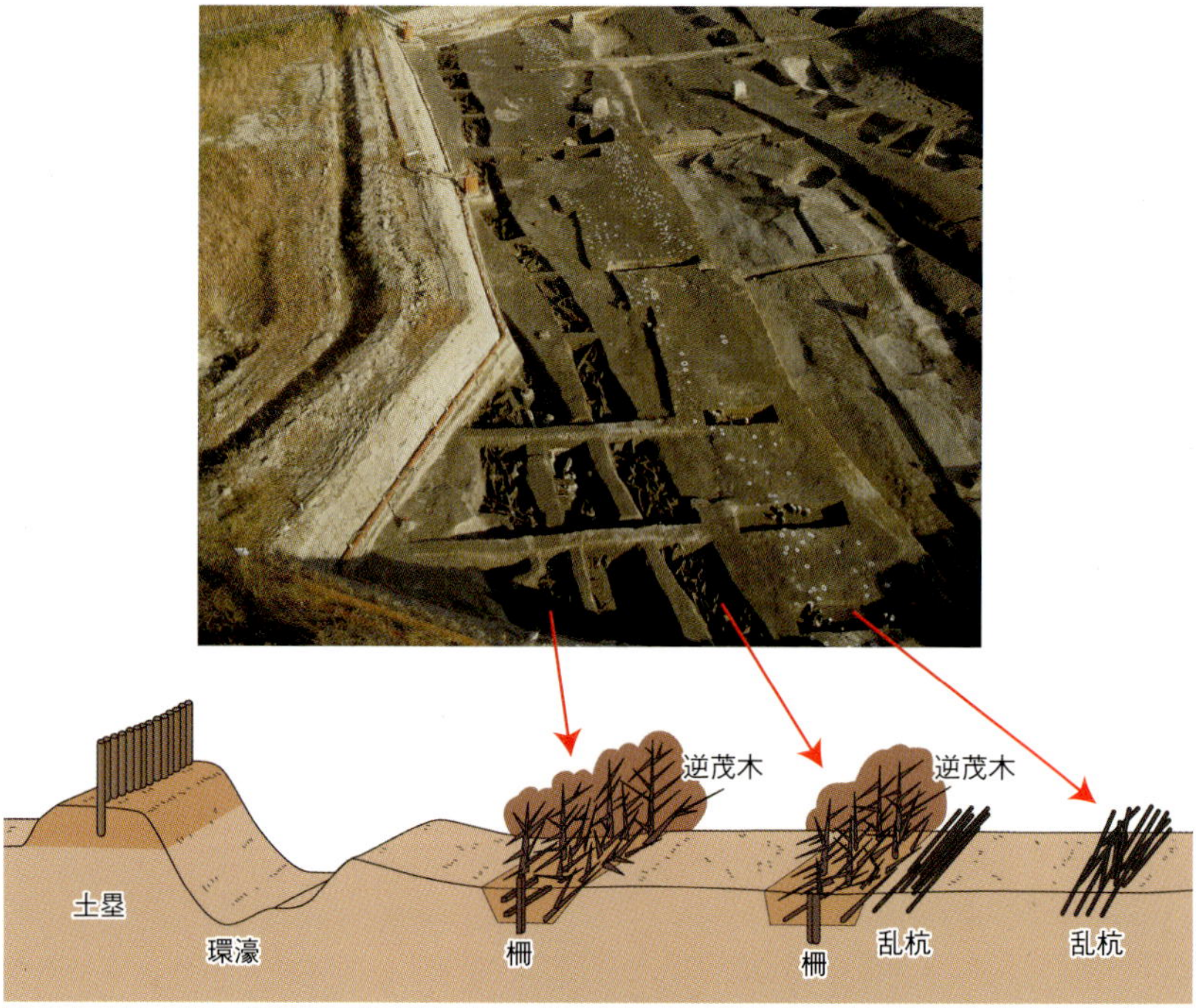

図 27 ● 防御施設の構造
もっとも強固な北居住域南の防御施設を復元した。
土塁・環濠の外側に、逆茂木、乱杭を配していた。

された。朝日遺跡の発掘担当者のひとりである赤塚次郎はつぎのような疑問を投げかける。

①朝日遺跡の多重防御施設がみられるのは谷Aとよばれる谷状の窪地の右岸に限定される。防御施設は一見すると南区画に対して設けられたようにみえ、防御のための施設としては配置が不自然である。②「逆茂木」の設置時期は中期末の高蔵式に時期が限定され、この時期に逆茂木は多量の洪水性の砂層が堆積している。

これらの遺構のあり方から、環濠・逆茂木・乱杭などの遺構は、基本的には洪水・水害対策用に設置されたものだというのが、赤塚の新説である。

防御施設の意味

新たに登場した洪水・水害対策説であるが、つぎのような問題がある。逆茂木の設置は中期でも複数の時期にわたっており、中期末に限定することはできない。中期末以前には、谷Aは乾

図28 ● 防御施設の復元イラスト
防御施設の構造と戦いの様子を復元した。実際にこのような戦いが繰り広げられていたのだろうか。

弥生集落の環境問題

マグソコガネ、エンマコガネ、オサムシ、ハネカクシ。これらは朝日遺跡の弥生時代中期の環濠から出土した昆虫である。考古学的な資料というと、土器や石器など人工的な遺物に目がいきがちだが、このような自然遺物から得られる情報も多い。

マグソコガネやエンマコガネは人や獣の糞に集まる食糞性《しょくふんせい》昆虫、オサムシやハネムシは食肉・雑食性の昆虫である。これらの昆虫が多く出土した遺跡の居住域は、生活ゴミや人獣の糞尿、動物の死骸などで著しく汚染された環境だったと考えられる。どうやら、弥生時代の住環境は決して住みよいものではなかったようだ。

一九八七年度から九一年度まで愛知県埋蔵文化財センターで自然科学分析を担当した生物教諭の森勇一は、遺跡から出土する微化石の分析をとおして、遺跡の古環境を復元する作業で大きな功績を残した。とくに昆虫化石の分析に力を入れ、現場で採取した土壌サンプルから、昆虫の微化石をとりあげ、ひとつひとつ同定していく地道な作業がおこなわれた。この結果、先にみたような遺跡の環境が復元されたのである。森は、人間によってつくり出された人工的な空間に好んで生息し、人の居住にともなってもたらされた生活ゴミや廃棄物・糞尿を食べたり、ときにすみかとするような昆虫たちを「都市型昆虫」とよぶ（図29）。

昆虫の食性と生息環境

食糞性昆虫の化石

図 29 ●都市型昆虫

燥した状況だったとする自然化学分析のデータがある。また、逆茂木や杭列がどのように水害に対して効果を発揮したのか、他の遺跡での類例を含め資料がほとんどない。

赤塚説では、南居住域に相対するように防御施設が築かれるのは不自然だと指摘されている点、これは集落が外界とどのように接していたかという、集落のプランに関わる問題だ。谷Aは二つの居住域を隔てているようにみえるが、じつは集落の外部をつなぐ主要な交通路だったのではないか。北居住域の南東部では、環濠の出入り口とみられる施設がみつかっている。また、谷A北に平行してのびる二本の溝は、道としての役割を想定できる。

そうすると、谷A周辺は集落の内側というよりは、集落のメインゲートとしての役割をになう重要な場だったとも考えられる。だからこそ、この場所により強固な防御施設を築く必要があったと考えたい。

多くのモノと人が行き交う場にあって、逆茂木や杭列は、実質的な防御の機能以上に、心理的・象徴的な障壁としての意味をもっていたのだろう。この時代、はじめて朝日集落を訪れた人びとは、厳重な防御施設の威容な様に目を奪われたことだろう。

3　ものづくりと地域社会

土製品・石製品・骨角《こっかく》製品・木製品・金属製品まで、朝日遺跡の発掘調査では、とにかく多種多様な遺物が出土している。なかにはこの遺跡でしか出土していない珍品といっていいようなものもある。単純な生活の道具から稀少価値の高い装飾品まで、多くのものがこの集落でつくられていた。これはものづくりに関わるさまざまな技術をもつ人びとが集まり、集落に居住していたから可能なことであった。

しかし、技術や人だけではものづくりはできない。必要な原材料や素材の入手も大きな問題だ。石器や木製品の原材を入手するうえで、周辺の自然環境からみて朝日遺跡の立地環境は決して有利ではなかった。むしろ、必要な原材料や未製品を含む素材は、隣接地域から集落に持ち込む必要があった。なかには何百キロも離れた遠隔地から取り寄せていたものも少なくない。

弥生社会においてものづくりを円滑におこなっていくためには、ものづくりの技術、原材・素材の入手、完成した製品の流通にいたるまで、さまざまなチャンネルのネットワークが必要であった。日常レベルでの周辺集落との交流から遠隔地との稀少品の交易まで、朝日集落は重層的なネットワークの大きな結節点として機能していた。このような状況は、多くの工房を抱えたバザール(市)をイメージするとわかりやすいかもしれない。朝日集落でのものづくりのいくつかをとおして、弥生社会とネットワークの断面をみていこう。

多彩な骨角製品

骨角製品とは、文字どおり動物の骨・角《つの》・牙《きば》などを素材として製作されたものだ。朝日遺跡ではつぎのような製品が出土している(図30・31)。

・固定モリ、ヤス、釣針、鏃《やじり》などの漁労・狩猟具

図 30 ● **骨角製の装飾品**

骨角製品はていねいに削り出されている。垂飾（すいしょく）、簪（かんざし）などのアクセサリーは精緻な文様が彫刻されたものも多く、工芸品としても優れたものだ。左上から、弭形（ゆはずがた）鹿角（ろっかく）製品、歯牙製垂飾、棒状鹿角製品。

・簪《かんざし》（ヘアピン）、垂飾《すいしょく》、腕輪などの装飾・装身具
・紡錘車、縫い針などの紡織関係
・卜骨《ぼっこつ》、孔のうがたれたイノシシの下顎骨《かがくこつ》といった祭祀関係の品

骨角器の素材としては、シカが圧倒的に多い。その他は、イノシシ、鳥類、エイやサメなどの魚類を使ったものもあった。朝日集落で実際に製作していた可能性が高いのは、シカやイノシシを用いた製品である。

精緻な加工

シカの角を用いた骨角器　鹿角《ろっかく》の特徴は、適度な堅さと弾力を備えている点であり、一定の強度をもちながらも複雑な加工を施すことが可能である。ただし、原材の形は複雑で、どのように素材を取り出すかが、製品の形と密接に関係している。出土資料からは、図32

図 31 ● 骨角製の装飾品の文様
簪や垂飾などに施された精緻な彫刻。幾何学的な文様が刻まれている。

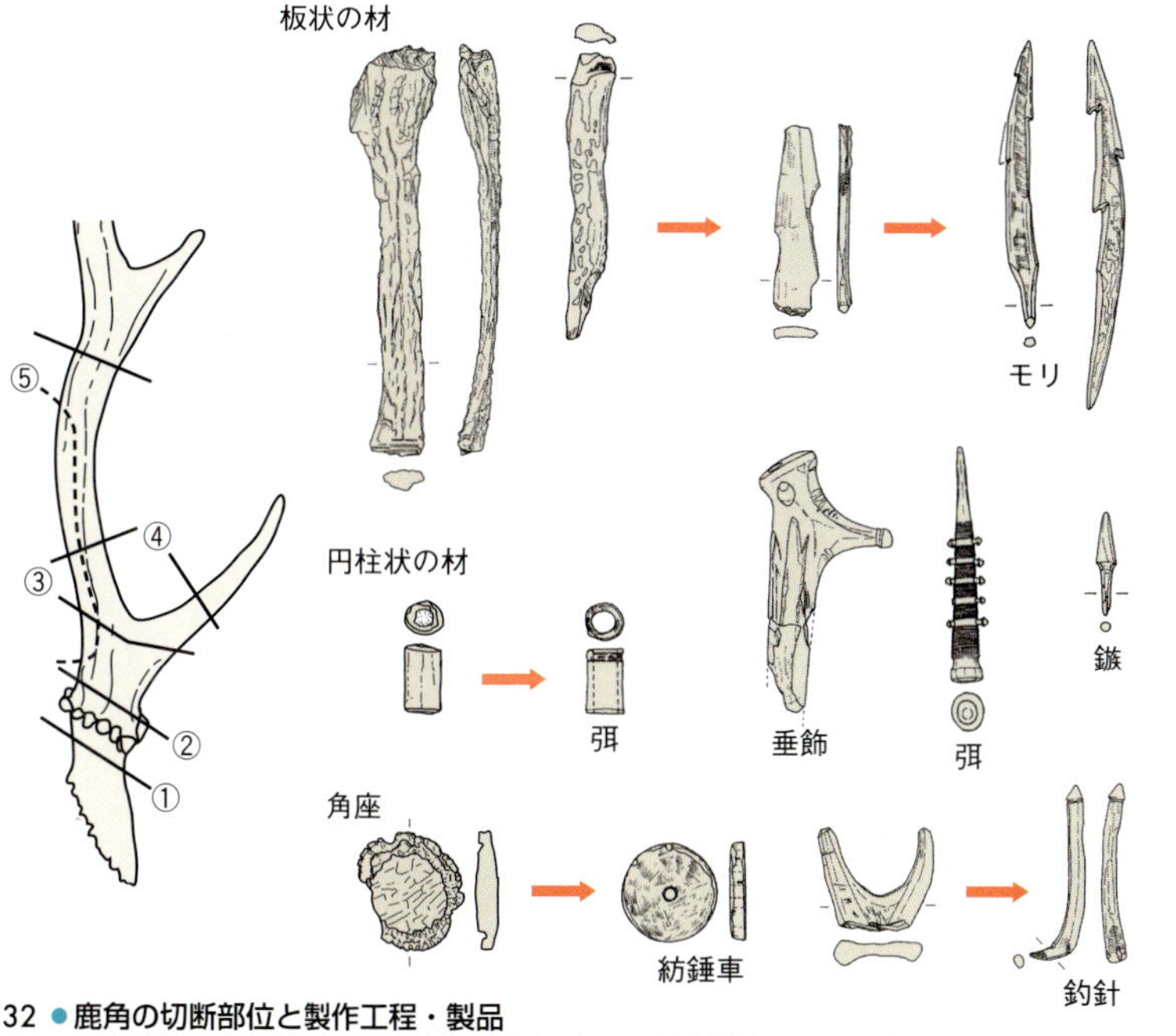

図 32 ● 鹿角の切断部位と製作工程・製品
鹿角はもっとも多く用いられた素材である。切断部位とその形状を活かし、さまざまな形状の製品がつくられた。

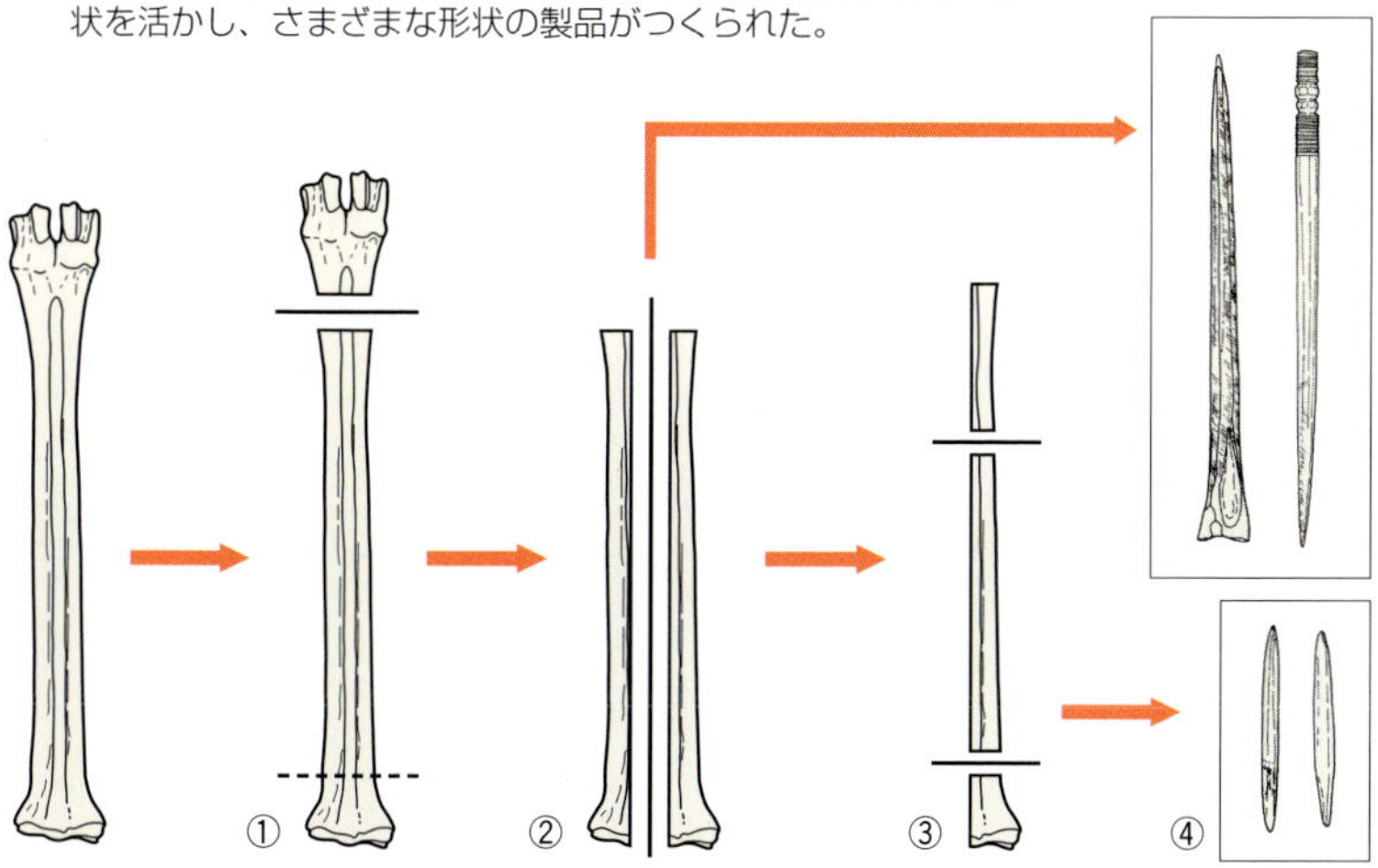

図 33 ● シカの中手骨・中足骨製品の製作工程
まっすぐな形状を利用し、ヤスや簪の素材として用いられた。端部を切り落とした後、主軸に沿って擦り切り、1/3 か 1/4 に分割する。その後研磨により製品に仕上げられている。

のような素材の割取り方法と製品との対応関係をうかがうことができる。

シカの中手骨・中足骨を用いた骨角器

ヤスやヘアピンの製作技術として、図33のような製作工程が推定できる。直線的な骨から最大限まっすぐな素材をとり、製品の形に活かしている。

さて、骨角器の素材となったシカはどのように捕獲されていたのだろう。山崎健は、シカがまるごと集落に運ばれたのか解体され一部が運び込まれたものかを明らかにするために、遺跡から出土したシカの骨を部位別に集計した。

分析の結果は、ほぼすべての部位が出土しており、まるごと運び込まれたことを示唆するものであった。ただし、角だけは他の部位にくらべ倍以上の高い頻度で出土している。これは狩猟によって人為的に切断したものだけでなく、自然に落角したものも集められたからである。製品の素材としての鹿角の需要の高さが素材の入手方法にもよくあらわれている。

朝日型長身鏃

先端部の肩に段があり、身が五角形の有茎《ゆうけい》の石鏃《せきぞく》は、伊勢湾地域で主流となる石鏃のカタチだ。朝日遺跡では、全長七センチをこえる大きなものも出土している。このような長身鏃《ちょうしんぞく》は、朝日遺跡の名を冠して「朝日型長身鏃」とよばれている（図34）。

尾張地域では、石鏃や石錐《せきすい》などをつくる材料として通称下呂石《げろいし》とよばれる石材が用いられた。温泉で有名な岐阜県下呂市の湯ヶ峰の中腹に露頭がある。火山活動によって形成された岩石で、割れ口はガラスのように鋭い。下呂石は飛騨川、そして木曽川を下って下流へと流される。尾張平野部の遺跡からは、下呂石の剝片・石核《かく》・円礫状の原石が出土する。これらは木曽川でも中下流域の河原で原石を集め、集落へと持ち込んだ状況を示している。

ところが、朝日遺跡から出土している円礫状の原石は拳ほどの大きさしかなく、このような長身鏃を製作できるだけの長大な素材をとることは難しい。このため、朝日型長身鏃は石材の産出地に近い飛驒地域で製作され、朝日遺跡などに運ばれたものではないか、という考えがある。そうだとすれば、長大な朝日型長身鏃は、朝日遺跡や尾張地域の外から持ち込まれた外来の石器だということになる。

しかし、朝日遺跡で出土している長身鏃の石材は下呂石だけではない。木曽川流域で入手できるチャート、その他にサヌカイト製のものもつくられていた。サヌカイト

図34 ● 朝日型長身鏃
先端に段をもち身の平面が五角形を呈する有茎の打製石鏃は、東海地方の典型的な石鏃の形。長さが3cmを超える長大なものは、朝日遺跡の名を冠し、「朝日型長身鏃」とよばれている。上段はサヌカイト、中段はチャート、下段は下呂石。（中段右端：長さ70mm強）

はガラス質で黒色、緻密な安山岩である。産出地は香川県の金山《かなやま》産と奈良県と大阪府の県境にある二上山《にじょうざん》のものが有名である。

このような遠隔地を含む複数の石材で長身鏃を製作できる環境を考慮すると、朝日形長身鏃の製作地は朝日遺跡を中心とする尾張地域だと考えるのが自然だろう。むしろ、通常の大きさを超える大きな素材を別に入手し、長身鏃として仕立てられたのは、朝日遺跡が物流と製作が重なる拠点だったからこそ可能であったと考えられる。

石斧のリサイクル工場

弥生時代の磨製石斧は、木の伐採に使われた身の厚い両刃《りょうば》石斧、主に木材の加工に用いられた扁平片刃《へんぺいかたば》石斧、柱状片刃《ちゅうじょうかたば》石斧、ノミ状の小型斧などが使い分けられていた。

朝日遺跡の磨製石斧は、深い緑色の特徴的な石材でつくられている。この石材は、ハイアロクラスタイトとよばれる変成岩の一種である。ハイアロクラスタイトは、もともとは海底火山の活動によって形成された玄武岩であり、高熱と強い圧力による変成作用を受けて形成された岩石である。組織は緻密で重く粘りがあることから、強い衝撃を受ける石斧の材料として重宝された。

ハイアロクラスタイトの産出地は三重県・滋賀県境の鈴鹿山脈にある。朝日遺跡から三四キロ西に位置するいなべ市宮山《みややま》遺跡は、弥生時代中期後葉のハイアロクラスタイト製石斧の生産遺跡だ。遺跡の北側を流れる青川の河原では、このハイアロクラスタイトを採取することが可能だ。この付近には、他にも石斧の生産工房が存在した可能性があり、その時期は縄文時代にまでさかのぼる。

ハイアロクラスタイト製石斧の分布は、南は伊勢地域まで、北は尾張地域や美濃南部、そして東は矢作川《やはぎがわ》流域にまで及んでいる。この範囲の集落では、出土品のなかに、未加工の原石や初期段階の未製品は非常に少ない。どうやら石材産出地の近くである程度まで加工された未製品を入手し、仕上げの研磨、柄に取り付ける作業をおこなって使用していたようだ。

朝日遺跡からはたくさんの磨製石斧が出土しているが（図35）、使い込まれて小さくなったものや破損したものも少なくない。なかには、破損した石斧を加工し、新しい石斧につくり直したものもみられる。伐採用の両刃石斧は、より小さな石斧や加工用の片刃石斧に再加工された。加工用の片刃石斧の場合は、より小さな加

図35 ● 磨製石斧
朝日遺跡では大小さまざまな磨製石斧が出土している。
上段は両刃石斧、下段左は扁平片刃石斧、下段右は柱状片刃石斧。

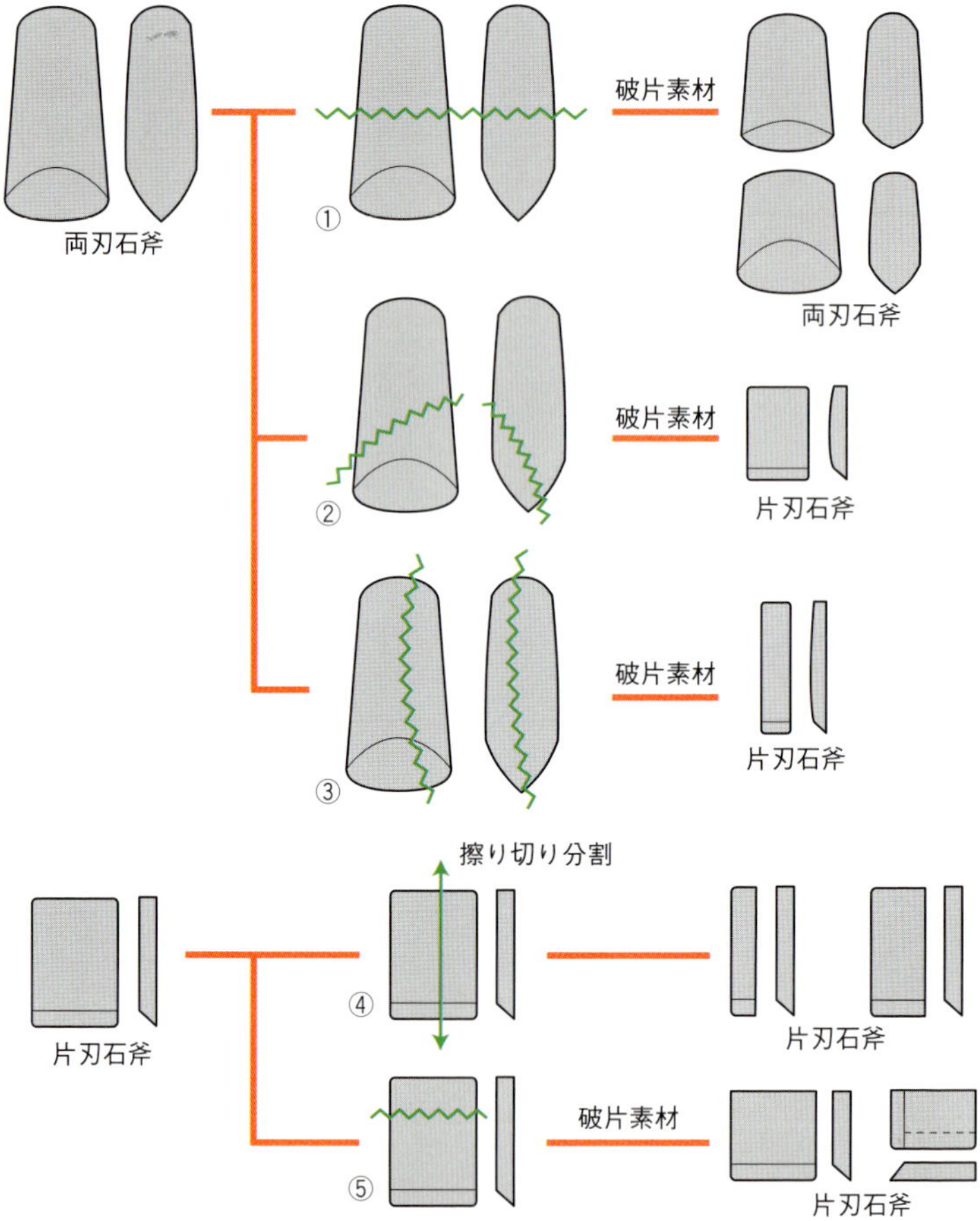

①は両刃石斧から両刃石斧への再生過程として一般的。②は剥片状の破片を加工し片刃石斧へとつくりかえる。③は可能性として想定されるが存在は未確認。④は縦位の方向に擦り切り溝を施し分割。片刃石斧から片刃石斧への加工法としてみられる。とくに小型柱状片刃石斧の製作と関係が深い。⑤は片刃石斧の破損品から片刃石斧を再生するもので一般的にみられる。

図 36 ● 磨製石斧の再加工

破損した磨製石斧の破片を再加工し、石斧として再生したもので、破片の形状によってさまざまなパターンがみられる。朝日遺跡で特徴的なのは、④の擦り切り溝を施して分割する技法である。擦り切りを用いた分割は、管玉などの玉作り、ヤスなどの骨角器の製作技術とも共通している。

工斧へとつくり替えられた（図36）。ボールのように丸くなった石斧もみられるが、これは石斧の表面を敲打し形を整えるためのハンマーに転用されたものだ。また、限られた石材を有効に活用するために、石斧を少しずつ擦り切って分割するという技法も用いられていた。

朝日遺跡における石斧の再加工に費やされた労力や技術は、原産地近くの工房にも劣らないもので、さながら、石斧のリサイクル工場といえる。これは、遺跡内で消費された石斧の量が多かったこと、多くの石斧が流通の拠点として集積されたこと、そして、石斧の再加工をおこないうる多くの労力が集まっていたことも大きな要因だと考えられる。

交易品としての石器・サヌカイト製尖頭器

ハイアロクラスタイトや下呂石は、伊勢湾周辺の地域に製品や原石の形で流通していた。遺跡の大小や保有する石器の量にかかわらず、この地域の集落において生産活動を維持するためになくてはならない石材であったといえる。一方、より遠隔地からもたらされた石材や製品もあり、むしろ嗜好品としての性格が強くうかがえるものもある。

尾張平野で出土するサヌカイト製石器は、打製石鏃、スクレイパー、石小刀《いしこがたな》、打製尖頭器などがあり、多くは二上山のものが用いられている。

打製石鏃には、近畿地方に多い身が三角形を呈するものもあるが、伊勢湾地域に特有の五角形鏃（朝日型長身鏃）もみられることから、原石を搬入して製作されていたことも考えられる。しかし、下呂石やチャートにくらべ、剝片や原石の出土量は著しく少ない。

石鏃が刺さったシカの骨

……狩人は茂みのなかでじっと息を潜め、ゆっくりと近づいてくる一頭のシカにねらいを定めた。矢の先に青白く光る石の鏃は、昨晩入念に調整したばかりだ。シカがわずかに左を向いたとき、狩人は矢をはなった。矢を受けよろめくシカ。手応えはあった。矢は急所である腰に刺さっている。しかし、つぎの瞬間、シカは身をひるがえすと森の中へと走り去っていった。狩人はフゥと小さくため息をつくと、うつむき加減にその場をあとにした……

朝日遺跡では石鏃が刺さった動物の骨がみつかっている（**図37**）。この骨は、ニホンジカの第六腰椎《ようつい》骨《こつ》（腰に近い脊椎骨《せきついこつ》）で、弥生時代中期前半の貝層から出土したものである。

石鏃の大部分は骨のなかに貫入しており、長い間細部の状態はわからなかったが、最近、独立行政法人国立文化財機構奈良文化財研究所の協力を得て、詳細な調査がおこなわれた。年輪年代測定法の分析に使用されるX線CT撮影装置によって、骨内部の詳細な状況を写し出すことに成功した。

石鏃は長さ一八・五ミリ、幅一一・四ミリの小型のチャート製石鏃で、三カ所に矢が刺さった際に生じた衝撃剝離痕がみられる。石鏃の形はこの地方に特有の五角形の有茎鏃であるが、大きさは朝日遺跡出土のなかではもっとも小さなタイプであった。これまで、弥生時代の石鏃には、狩猟具と武器の機能分化が起こったとされ、大型のものは武器として分類されてきた。この資料は小さな石鏃が実際に狩猟の場で用いられた証拠となる。

また、矢は右斜め前から水平に打ち込まれたことなど、詳細な状況も判明した。なお、石鏃の先端はかろうじて脊髄《せきずい》まで達しておらず、鏃のまわりの組織には骨が再生した痕が認められることから、このシカは矢が刺さった後もしばらくの間生存していたとみられる。

土器絵画など、断片的な資料でしか知り得なかった弥生時代の具体的な狩猟技術を物語る貴重な資料である。

弥生時代中期の貝層から出土したニホンジカの第6腰椎骨。
チャート製の石鏃は大半が骨のなかに貫入している。

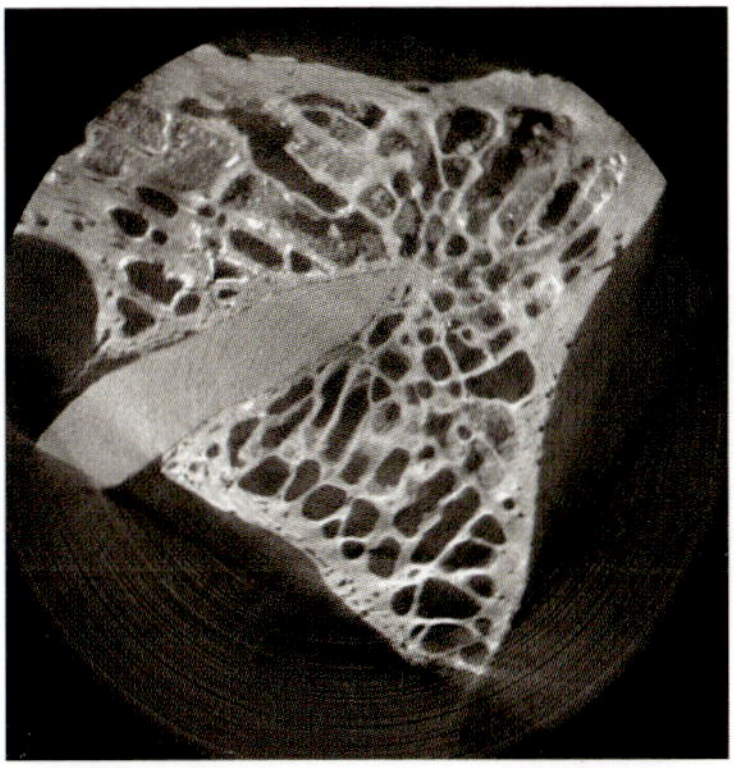

X線CT撮影画像。CTスキャンによって、
石鏃の鮮明な画像と計測が可能となった。

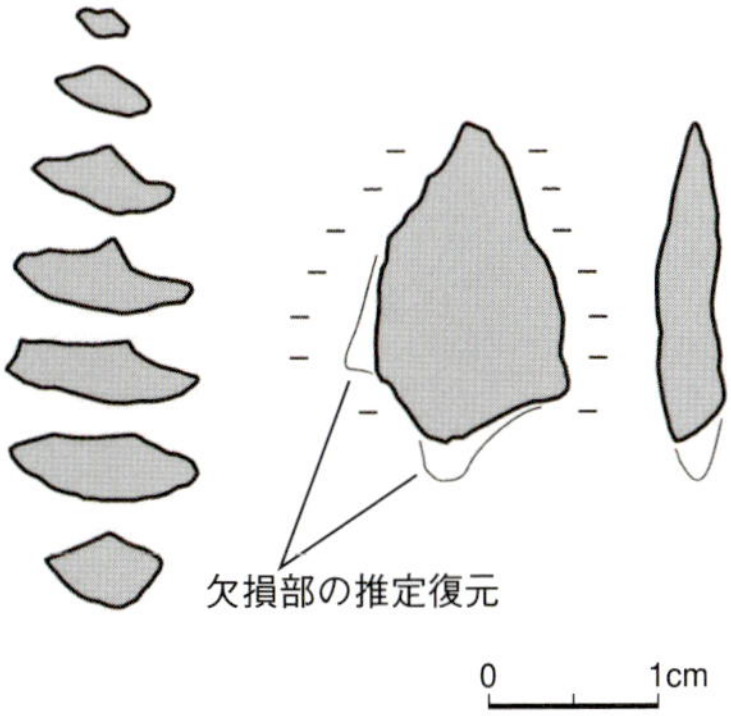

石鏃は小型の五角形鏃で、茎部と側縁の
一部が欠けている。

図37 ● 石鏃の刺さったシカの椎骨

打製尖頭器は槍、剣、戈《ほこ》として使用された武器で、主にサヌカイトの流通範囲である瀬戸内地域から大阪湾周辺地域に分布する。実用的な武器としてだけでなく、儀器的な性格も考えられている。近畿地方では墓から副葬品として出土した例も知られており、個人の権威を表象するための威信財としての側面ももつ。

尾張平野では少数の例しか確認されていないが、その大半は朝日遺跡で出土したものである（図38）。大ぶりでつくりの精緻なものが多く、生産地である大阪湾周辺地域で出土するものとくらべても優品が多い。これらの打製尖頭器は朝日遺跡で製作されたものではなく、拠点的な集落を介したネットワークによってもたらされた交易品だったと考えられる。

図38 ● サヌカイト石剣
非常に精緻なつくりで完成度は高い。石剣用とみられる木製の柄も出土している。

木製品

朝日集落では、竪杵、鍬・鋤《すき》などの農具・土木具類、石斧の柄などの工具類、高杯や鉢などの容器類など、多くの木製品がつくられていた（図39）。

鍬・鋤の未製品や原材となる板材は、南北居住域の間を流れる谷Aや北居住域の環濠周辺で出土している。鉄器が普及する以前、木製品の加工は、木の表面を柔らかくするために水に浸けておく必要があった。北居住域や谷Aの近くには、木製品を製作するための施設が存在した可能性が高い。

木製品の素材となる木は、道具の特性にあわせた樹種が用いられていた。鍬・鋤などの農具にはアカガシ亜属が半数を占め、クヌギ節、コナラ節が続く。高杯や鉢などの容器類では、ケヤキがもっとも多く、スギなども使われていた。

朝日遺跡周辺の沖積平野が安定するのは縄文時代晩期以降で、集落の周辺にはアシなどの湿地性の草本植物が占めていた。木製品の原材では、アカマツのほか、クヌギやコナラの林が周辺に形成されていたようだ。しかし、木製品のなかで大きな比率を占めるアカガシなどは集落の

図39 ● **木製農具**
竪杵（上）、鋤（左）、田下駄（中央上）、鍬（右）。鍬や鋤は田畑を耕すだけでなく、環濠の掘削など土木工事にも威力を発揮した。中央左の3本の鋤は、大型方形周溝墓の溝のなかに並べて置かれていた。

周辺には自生しておらず、離れた場所から持ち込む必要があった。

朝日遺跡の約八キロ東の段丘の縁辺に立地する春日井市勝川《かちがわ》遺跡では、弥生時代中期後葉から古墳時代中期までアカガシの木製品をつくり続けていた。このような台地の集落である程度加工されたうえで、朝日集落まで持ち込まれていたことが考えられている。

専門集団による玉作り

玉類の製作は朝日集落でおこなわれた手工業生産のなかでも、もっとも専門性の高いものの一つだ。弥生時代中期初頭には、溝で区画された専用の工房が構えられていた。

工房跡からは緑色凝灰岩《りょくしょくぎょうかいがん》製の管玉《くだたま》、ヒスイ製の勾玉《まがたま》などが出土している（図40）。

原石、未製品、細かな破片といった玉類の各製作工程を示す資料の他、施溝具《せこうぐ》として用いられた

図 40 ● 勾玉・管玉
勾玉はヒスイ製。複数の地点で出土した勾玉、管玉を首飾りとして復元したもの。

石鋸《いしのこ》、穿孔具《せんこうぐ》とみられるメノウや水晶などの石錐（石針）、溝のついた砥石など、ひととおりの工具類も出土している（図41）。

玉作りは、北陸や近江からの技術的な影響がうかがえ、原石や工具類もこれらの地域から持

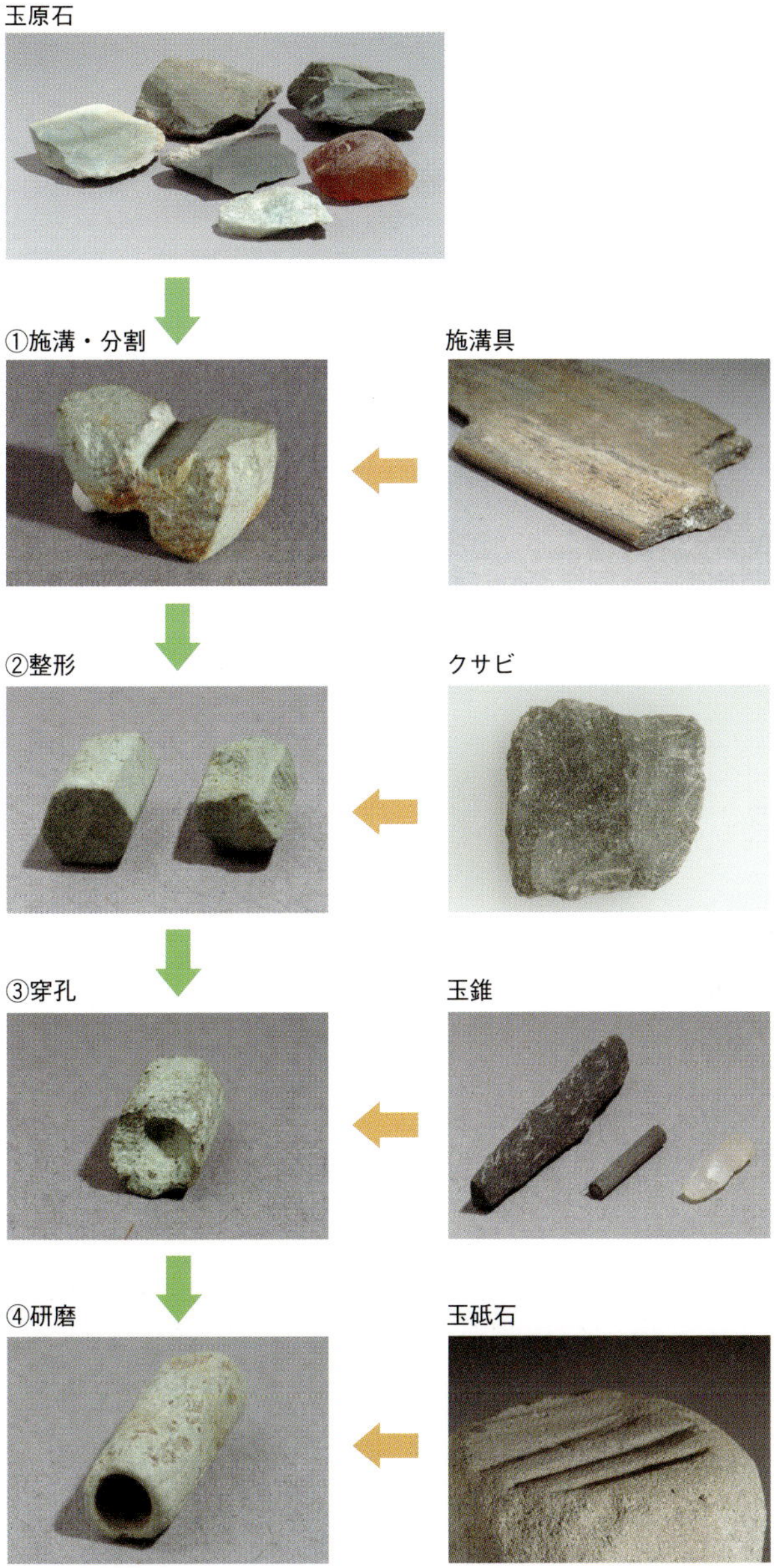

図 41 ● 玉作りの工程
緑色凝灰岩を用いた管玉の製作工程。玉作りの工房跡では、原石や未製品のほか、施溝具、玉錐、砥石などの工具類も出土している。

ち込まれたものだ。専用の工房が備えられていたことからも、玉つくりに携わった技術者は外部からの移入した特殊な集団だったと思われる。この集団は、北陸方面からの原材の入手、太平洋側での製品の流通など、広い範囲での交流に関わっていたのであろう。

4 都市計画の破棄

環濠の廃絶と墓域の刷新

このように弥生時代中期前葉から中葉に、明確な都市計画によって営まれた朝日集落だが、中期後葉の凹線文《おうせんもん》系土器の波及と相前後して、集落のあり方が一変してしまう（図42）。大きな変化としては、それまで居住域の外郭を定めてきた環濠が廃絶され、明確な区画がみられなくなったことである。

谷Aの南側では、大きな臼をくりぬいた井戸四基がみつかっている（図43）。南居住域には、大型の掘立柱建物が配置され、それまでにはなかった特別な祭祀空間がつくり出された。

東西の墓域も様相が一変してしまった。それまで継続して営まれてきた墓域の連続性が途絶えてしまう。それどころか、古い方形周溝墓をこわして新しい墓をつくるものまであらわれた（図44）。方形周溝墓の形も、それまで主流だった四隅が切れるタイプは少なくなり、溝が全周するものや平面形が長方形のものなど形態が多様化した。

以前の居住域内部には、小規模な住居群と墓域がセットとなって、複数の単位が分散してみ

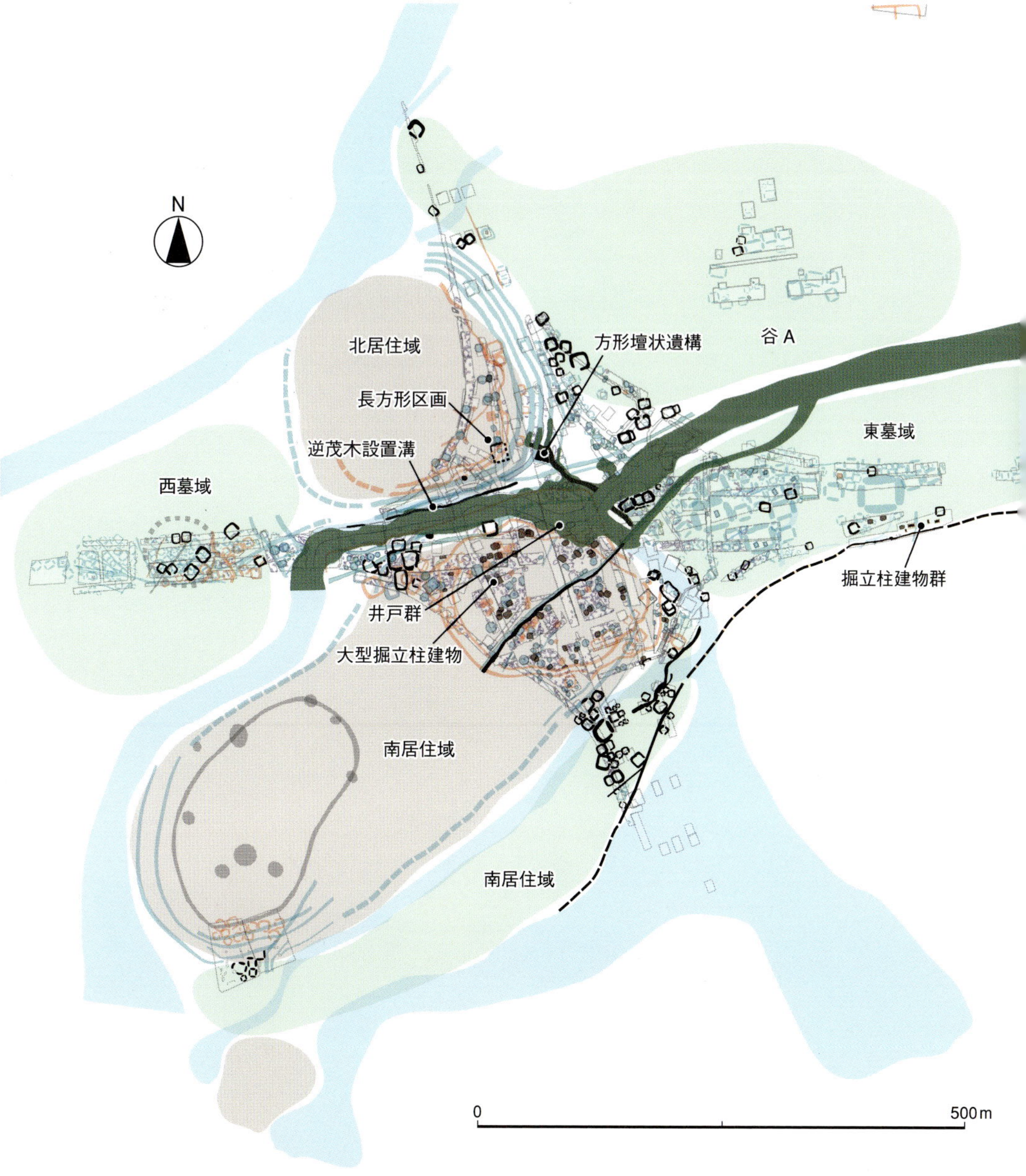

図 42 ● 弥生時代中期末の主要遺構配置図
環濠が埋められ、集落の区画は不明瞭になる。墓域は複数のグループに分かれており、居住域もいくつかの単位に分かれ分散していたようだ。

られるようになる。この時期の遺構や遺物は集落域全体に広がっているものの、中期中葉までの継続性はみられず、まったく別の集落といっても過言ではない。中期前葉から中葉にかけての朝日遺跡の都市計画は、この時点でリセットされてしまったのである。

図 43 ● 中期末の井戸枠
中心をくり抜いた大型の臼４つを縦に積み上げ、井戸枠に転用している。

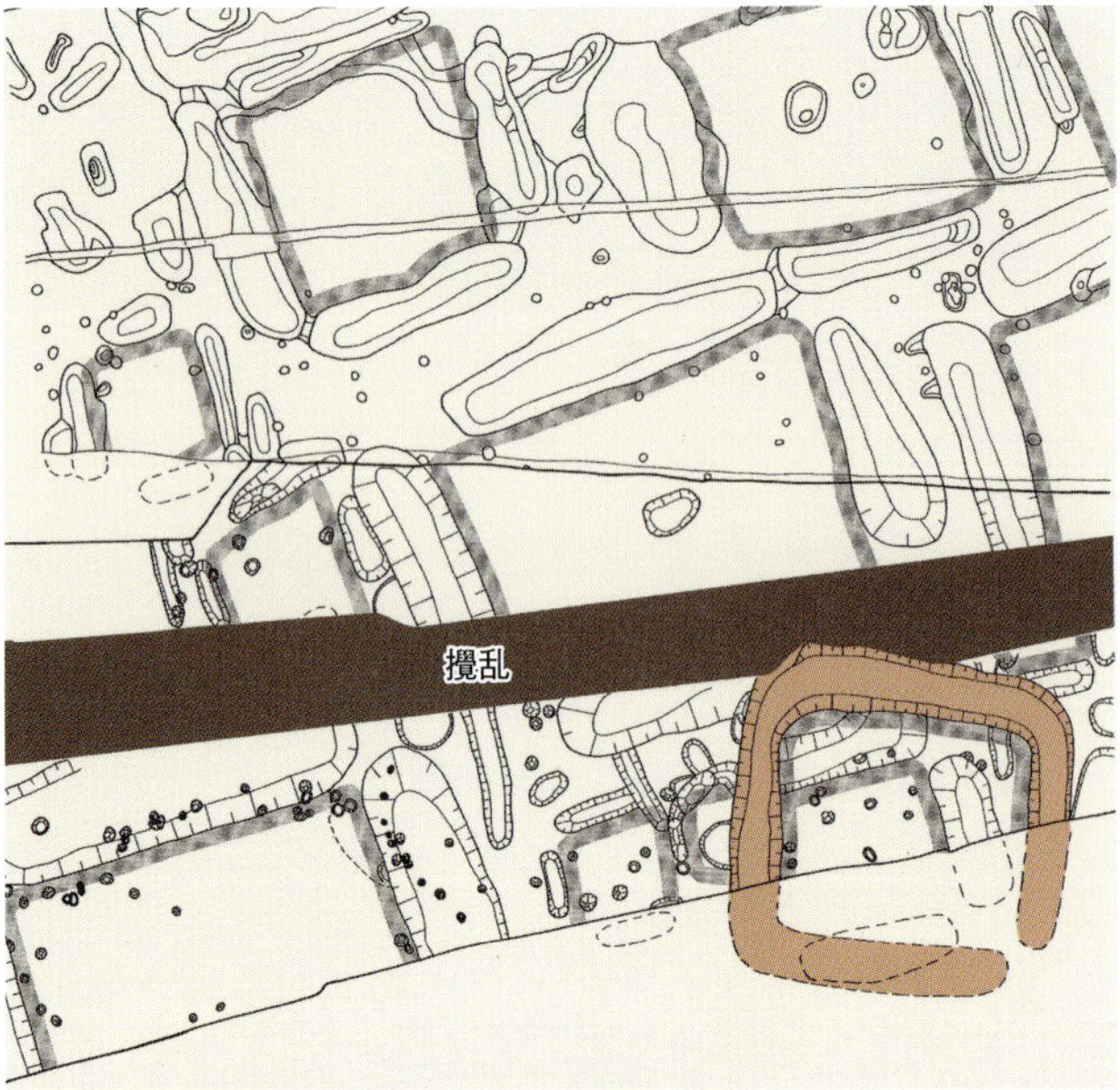

図 44 ● 前の墓を壊してつくられた方形周溝墓
弥生時代中期前葉から中葉まで維持されてきた方形周溝墓を切って、新しい方形周溝墓が築かれている。

流動化する社会

弥生時代中期後葉の朝日集落の動向は、伊勢湾地域の弥生社会の大きな変動に重ねてみることができる。

朝日集落の様相が一変してしまう中期後葉は、凹線文系土器という西日本系土器の影響を強く受けた時期でもある（図45）。尾張地域で高蔵《たかくら》式という名称でよばれる土器様式は、近畿北部から琵琶湖周辺部を経てもたらされたもので、中期中葉の貝田町《かいだちょう》式までの地域色を払拭してしまった。そしてこの時期、伊勢湾地域の集落の動向には大きな変化がみられる。

伊勢湾地域では、凹線文系土器の出現と前後して新しく出現する集落が数多くみられる。稲沢《いなざわ》市にある一色青海《いっしきあおかい》遺跡もそのひとつだ。この集落では、六×一間の巨大な掘立柱建物と大型竪穴建物と広場からなる

図 45 ● 弥生時代中期末の土器
壺や高杯の口縁に数条の凹線をめぐらせるのが特徴だ。甕は薄く、タタキによる整形手法が用いられている。全体にとても規格化された土器という印象を受ける。

円窓付土器

弥生時代中期後葉にみられる変わった形をした土器に円窓《まるまど》付《つき》土《ど》器《き》がある（図46・47）。なんといっても体部上位に開けられた大きな楕円形の孔が目を引く。この土器は尾張地域に分布するが、その大半は朝日遺跡から出土したものだ。朝日遺跡の特産品といってもいいだろう。

円窓付土器は、中期後葉（貝田町終末から高蔵式）にかけて展開する墓域とその周辺から出土することが多い。居住域からはあまり出土していない。この土器について検討した永井宏幸によれば、①焼成後の体部穿孔や口縁部打ち欠きをもつものがある。これは墓に供献される壺などと共通する特徴である。②「風化痕」とみられる痕跡がある。屋外に放置され、風雨にさらされた状況を示しており、墓に供えられたことの傍証となる。

どうやら、この土器は居住域などの日常的な空間で用いられるよりは、墓域や集落と墓との境界といった生活空間から離れた場所で使われた儀礼的な性格をもつ土器のようだ。朝日遺跡において独自の祭式が執りおこなわれていたのかもしれない。

図46●台付円窓付土器

図 47 ●円窓付土器
特徴的な形をしているが、この穴をどのように用いたのか、
はっきりとした答えは出されていない。まさに謎の土器だ。

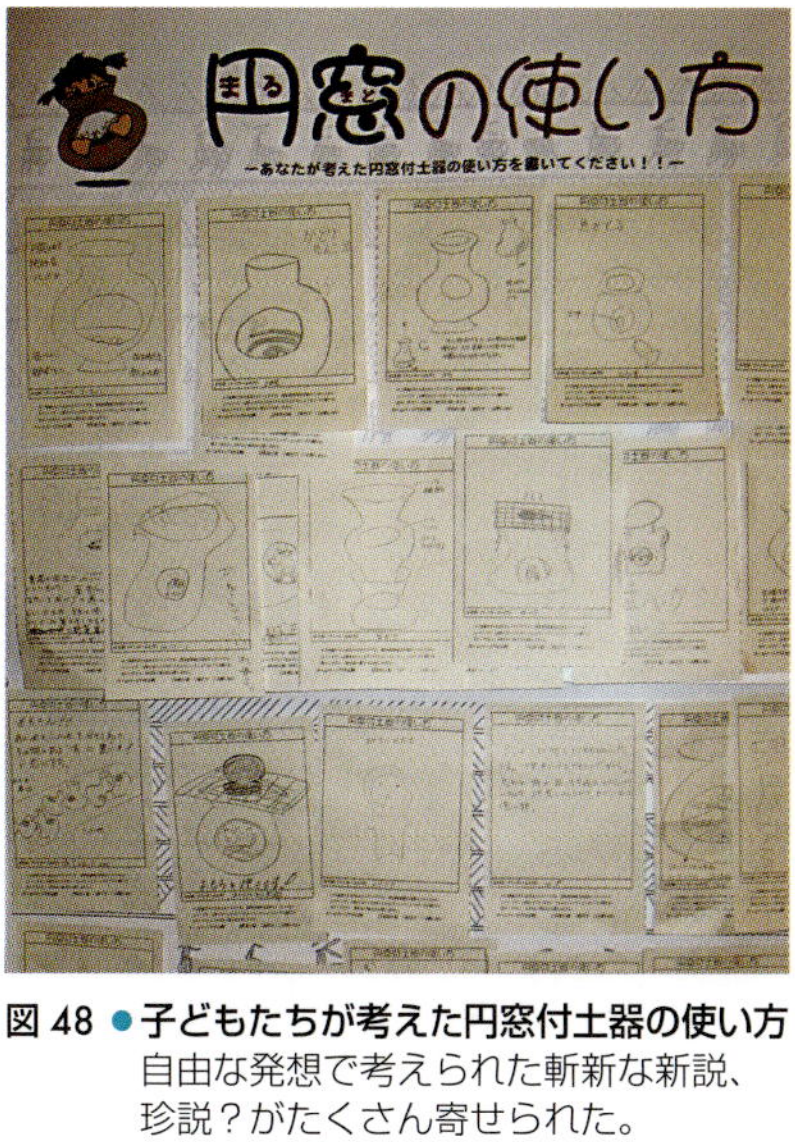

図 48 ●子どもたちが考えた円窓付土器の使い方
自由な発想で考えられた斬新な新説、
珍説？がたくさん寄せられた。

それにしても、この大きな窓は何のために開けられたものだろうか。残念ながら、具体的な使い方はよくわかっていない。

ある展示会で円窓付土器を展示した際、その使い方を見学者に自由に考えてもらい、自分の説を投稿してもらった。「中で火を灯したランプ」「調理に使ったコンロ」「魚を捕る道具」「鳥や動物を飼っていた」「酒を造る道具」など、ユニークな意見がたくさん寄せられた。はたしてこのなかに正解はあるのか、これからの調査・研究に期待したい。

祭祀空間をもつことが判明している（図49）。三重県四日市市兎上《うながみ》遺跡は丘陵上に営まれた集落である。やはりこの遺跡でも巨大掘立柱建物と広場からなる集落の配置がみられる。

これらの新出の集落の多くは、中期後葉という限られた時期に終焉を迎えるのも共通した特徴だ。一色青海遺跡も兎上遺跡も後期へとは継続せず、凹線文系土器とともに衰退した。朝日遺跡でも、中期後葉から後期初めへの集落の継続性は乏しく、多くの点で断絶を認めることができる。

中期末の集落の変化には、西日本からの移住をともなった大きな影響があったと思われる。しかし、この地域の個性がすべて払拭されてしまったわけではない。前頁に掲載した円窓付土器のほか、台付甕という古墳時代まで続く伝統的な煮炊具の形態が生み出されるなど、地域の独自性も育まれていた。

図 49 ● 一色青海遺跡の大型掘立柱建物
桁行 17.6m、梁間 5.1m、床面積は 89.8m² と大きい。大阪府の池上曽根遺跡のように、神殿などの祭祀的な空間が想定される。隣接する大型の竪穴住居は首長の居館だろうか。

第４章　最後の集落——弥生時代後期から古墳時代前期

1　後期の環濠集落

弥生時代後期は、それまで使われていた石器の多くが姿を消し、金属器へとかわっていった時期である。また、魏志倭人伝に記された「倭国大乱」も弥生時代後期のできごとである。このころ伊勢湾地域では、地域色の強い土器様式があらわれ、ときに東日本の諸地域に大きな影響力を与えていた。

朝日遺跡は、銅鐸をはじめ多彩な金属製品を保有し、赤く彩られた土器を用いるなど、中期までとはちがったかたちで、地域の中核的な集落として栄えていた。

環濠と墓域

弥生時代後期になると、再び谷Aをはさんで南北に居住域が設定される（図50）。ただしこ

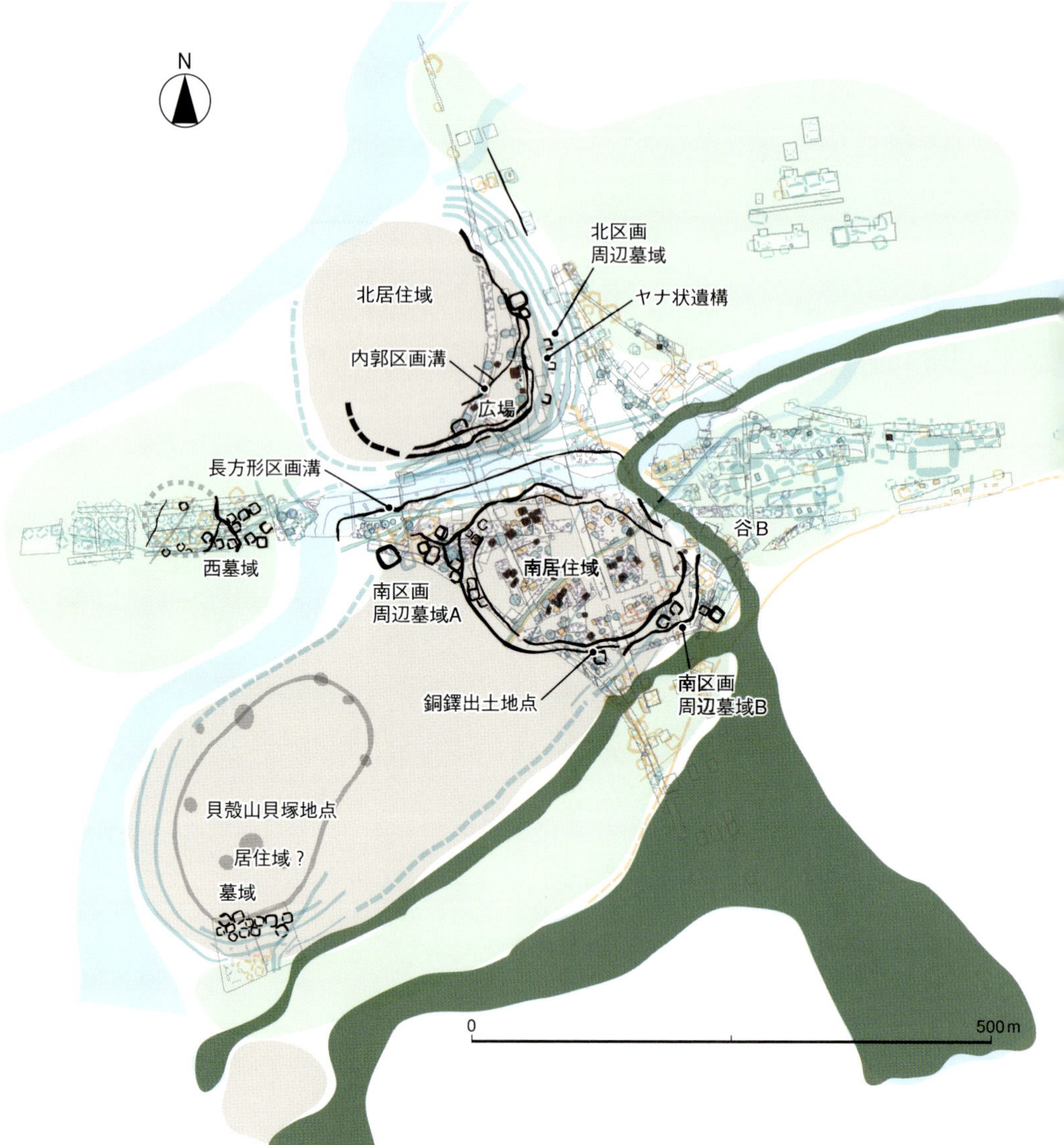

図 50 ● 弥生時代後期の主要遺構配置図
再び環濠が掘削され、北居住域、南居住域とも中期よりは小規模な環濠集落となった。

の時点で谷Aはほとんど埋まっており、わずかな窪地となっていたようだ。かわって南北に幅二〇メートルほどの谷Bが流れるようになる。

北居住域では、中期の環濠の内側に新たな環濠が掘削される。集落内部には、方形の区画、広場的な場所が設けられている。南居住域には二重の環濠がめぐり、東西二三〇メートル、南北一五〇メートルと、弥生時代中期の居住域よりは小規模な集落となる。

方形周溝墓は、東墓域では造営されなくなり、西墓域ではわずかに墓がつくられていた。この時期の墓域は、集落の周辺部をかこむように小規模な墓域が営まれている。

貝殻山貝塚がある遺跡南西部では、後期初頭から後期前半までの方形周溝墓が発掘されている。この周辺にもまだ知られていない居住域が存在していた可能性が高い。

銅鐸の埋納

一九八九年四月、このころ朝日遺跡の発掘調査は最盛期をむかえていた。それは、重機による表土掘削中に、突然その姿をあらわした。愛知県では初めて発掘調査中にみつかった銅鐸である（図51・52）。埋蔵文化財センターでは、ただちにおもだった職員を現地に召集し、銅鐸の検出ととり上げは夜を徹しておこなわれたそうだ。

銅鐸は六四センチ×二二センチの長楕円形の土坑に、鰭《ひれ》を上下にした状態で埋められていた。銅鐸の大きさは、高さ四六・三センチ、幅二三・四センチ。扁平鈕《へんぺいちゅう》式の終わりから突線鈕《とっせんちゅう》式のはじめにかけての中間的な型式のものだ。埋納時期の決め手はないが、埋納坑周辺の遺構と

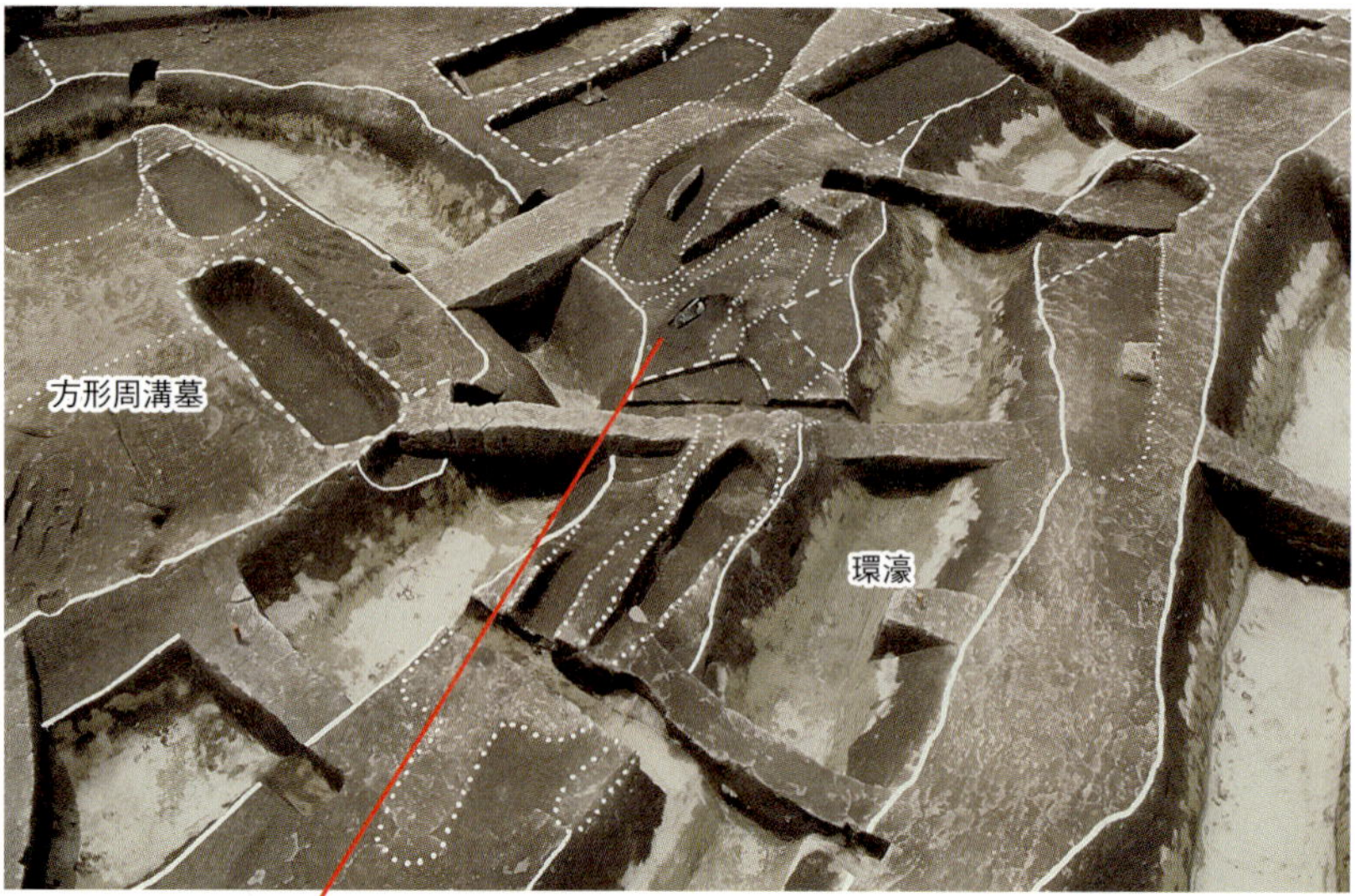

図 51 ●銅鐸の出土位置と出土状況
銅鐸は、南居住域の南、2 条並行して走る環濠の外側と、同じく後期の方形周溝墓の間でみつかった。土坑のなかに鰭を上にした横倒しの状態で埋納されていた。

図 52 ●朝日銅鐸
高さ 46.3 ㎝。文様は四区の袈裟襷文と鋸歯文、同心円文からなる。中期末から後期初めに製作されたもので、「聞く銅鐸」から「見る銅鐸」への過渡期にあたる銅鐸でもある。

の関係から、後期前半以前に埋められたと考えられる。

重要なのは銅鐸が埋められた場所だ。銅鐸は、南居住域の南端、外環濠のすぐ外側と後期前半の方形周溝墓との中間、わずか数メートルほどの間に埋められていた。環濠はこの部分で不自然に内側にへこんでおり、銅鐸を避けるように掘られたようにもみえる。銅鐸の機能のひとつに、内と外を隔てる結界としての役割が考えられている。この想定にもとづけば、朝日銅鐸は集落居住域の南限を画する意図をもって埋納されたと考えられる。

水田とヤナ

朝日遺跡では、弥生時代中期以前の耕作地の状況はよくわかっていないが、北居住域北側の低地部で、後期後半以降の水田跡がみつかっている。水田は、一辺一・〇〜三・〇メートルの長方形あるいはやや不整形な形である。また、これよりは新しくなるが、北居住域の東側と集落の南域でも後期末から古墳時代初めごろの水田跡がみつかっている。

また、弥生時代中期に環濠として使われていた溝のなかには、ヤナとみられる施設がつくられていた（図53・54）。これは、上流に作られた木組みで水の流れを調節し、下流につくられた木組みとの間に追い込んだ魚を捕獲する仕組みになっている。おそらくこの時期の環濠は、水田の給排水にかかわる機能をもっていたと考えられ、農作業のかたわらでは、コイやフナを対象とした淡水漁労が営まれていたのであろう。

弥生時代中期には、大規模な貝層が形成され、沿岸性の漁労も営まれていたが、弥生時代後

図 53 ● ヤナ状遺構

図 54 ● ヤナ状遺構の復元イラスト
ヤナは中期まで環濠として使われていた溝のなかに設置されていた。上流につくれらた木組みで水流を調節し、下流につくられた木組みとの間に追い込んだ魚を捕獲する仕組みだったようだ。

期以降になるとこれらの生業は衰退する。かわって小規模な水田とこれに付随する淡水漁労へと様相をかえ、むしろ農村的なイメージに近づいたようだ。

2　多彩な金属器

増える金属器資料

弥生時代後期の資料のなかでも、金属製品は朝日遺跡を特徴づける遺物のひとつだ。出土数が多いだけでなく、その種類の多さは伊勢湾地域のなかでも際立っている。

おもな出土品はつぎのとおりだ（図55・56）。

鉄製品　有肩《ゆうけん》袋《ふくろ》状《じょう》鉄斧《てっぷ》、刀子《とうす》状鉄製品

青銅製品　銅鐸、銅鐸飾耳《かざりみみ》、巴形《ともえがた》銅器、筒形銅製品、帯状銅釧《どうくしろ》、銅鏃、破鏡、銅滴《どうてき》

もっとも多いのは銅鏃で、これまでに四〇点近く出土している。北居住域内の区画溝と南居住域東部に出土が集中すること、北居住域では多様な形のものが、南居住域では東海系銅鏃が多く出土するという、分布の特徴も指摘されている（図57）。

銅鏃以外は、ほとんどが一点または二点の出土にとどまる。埋納銅鐸や巴形銅器をのぞくと、多くは北居住域で出土したものだ。このような金属製品の分布の偏りは、北居住域と南居住域のなんらかの性格のちがいをあらわしているものとみられる。

巴形銅器

筒形銅製品

銅鏃

図 55 ● 出土した青銅製品

巴形銅器：スイジガイという貝を模したとされる青銅製飾金具。魔除けや敵の攻撃を退ける意味があったと考えられている。筒形銅製品：円形の平坦面をもつ筒状の銅製品。先端に孔がうがたれており、垂飾として使用されたとみられる。銅鏃：有茎鏃が主体で、身の形はバリエーションが多い。身が五角形をなすものがこの地域に多い形態。銅鐸飾耳：近畿式銅鐸の飾耳の破片。

銅鐸飾耳

左鉄斧の袋部

図 56 ● 有肩袋状鉄斧

袋部は、薄くのばした鉄板を内型（柄型）に巻き、鍛打して身に巻き付け成形するという高度な技術が用いられている。

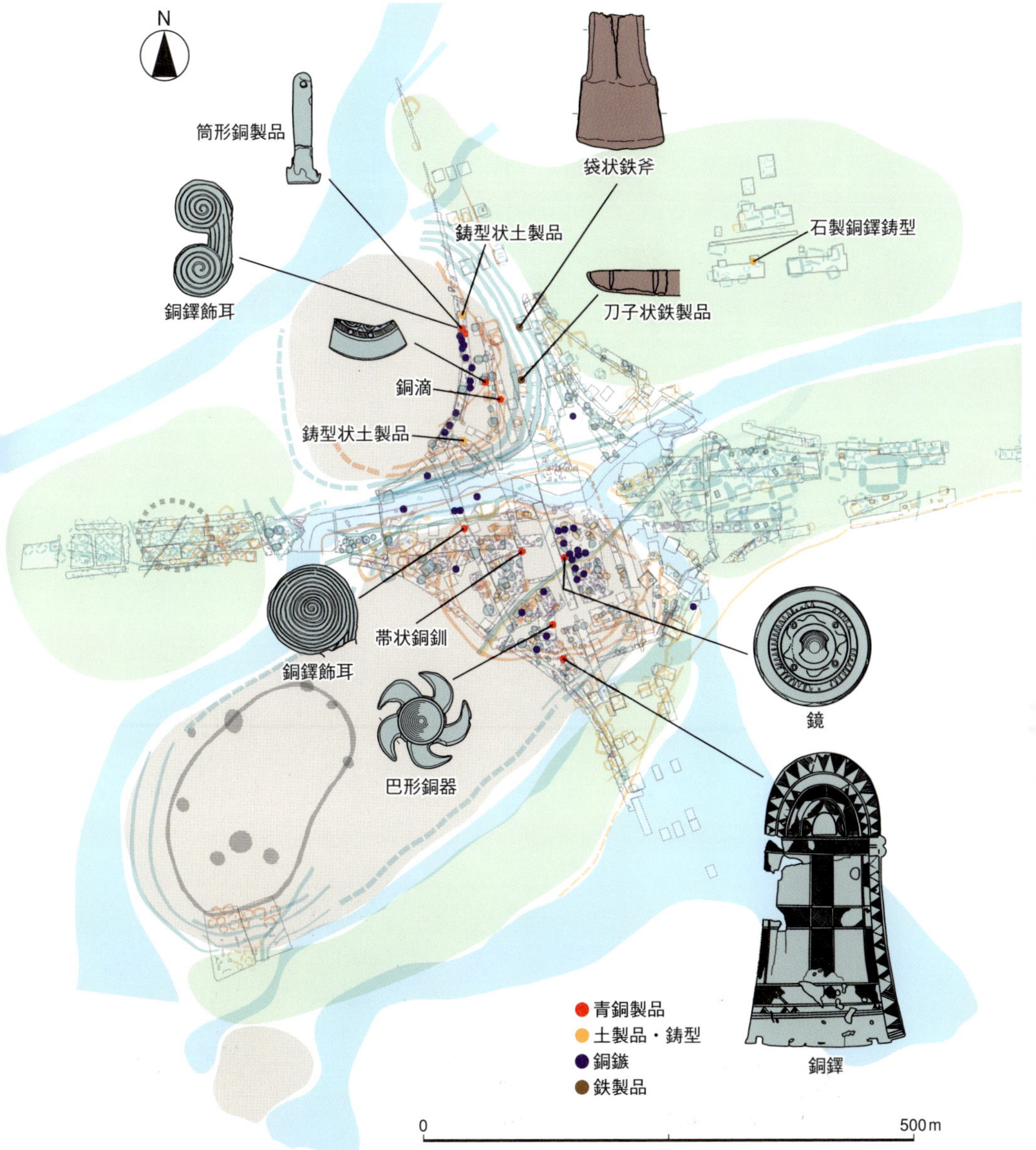

図 57 ● **金属製品の出土位置**
金属製品は北居住域および南居住域で出土している。とくに北居住域南東部では、銅鐸の部分品のほか、銅滴や鋳型状の土製品といった青銅製品の製作工房の存在を示唆する遺物がみられる。

青銅器生産の可能性

弥生時代後期、朝日集落では青銅製品が製造されていた可能性が高い。北居住域の南東部や環濠付近などで、銅鏃や青銅製品が集中してみつかっている。この付近では、銅滴が出土している（図58）。銅滴とは、高熱で溶かした青銅を鋳型に流し込むときなどに、こぼれて固まってしまったものだ。また、焼けた粘土塊が出土していて、これは鋳型の外枠や炉壁の一部である可能性が指摘されている。

これらの出土遺物の存在から、この付近で青銅製品の鋳造にかかわる作業がおこなわれていたとみられる。

弥生時代後期の銅鐸には、三遠式とよばれる三河・遠江に出土例の多い一群の銅鐸があり、静岡から南関東には文様を欠くミニチュアの小銅鐸もある。銅鏃だけではなくこれらの銅鐸や小銅鐸、さらには筒形銅製品や巴形銅器も朝日遺跡で製作されたとみる意見もある。

今後、炉の跡や鋳型・フイゴなど、確実に鋳造をおこなっていたことを証明する遺構・遺物の発見が期待される。どのような青銅製品がつくられていたのかがわかれば、東海地方・東日本の青銅製品の生産と流通を探るうえで重要な情報となるだろう。

図 58 ●銅滴と被熱した粘土塊
銅滴（左）は、高温で溶かした銅を鋳型に流し込む際に、こぼれ落ちた滴が固まったもの。分析のために切断した面は金属光沢をおびている。
右は、高温を受けた粘土の塊。青銅器の鋳型の外枠ではないかと考えられている。

3　パレス・スタイル土器

宮廷式土器

濃尾地方の弥生時代後期を彩る土器に、「パレス・スタイル」とよばれる彩色土器がある（図59）。

「パレス」の名称は、昭和初期に浜田耕作が用いたのが最初だとされている。

「さて此の弥生式土器の分布は、殆ど日本全国に亘ってゐるけれども、今日までの所見では、本州中部に於いて最も大なる発達をなしてゐるらしく、かの尾張熱田貝塚の出上品や、最近近江滋賀村の大津宮址で発見せられたもの、如きは、かの希臘クリート土器中、クノッソスの遺品が特に精大で「パレース」式と呼ばる、如く、弥生式土器中の「パレース」式と称し度い位の優品である。即ち其の壮麗なる形態、豊富なる紋様の点などに於いて。」（浜田耕作「日本古代土器」『史前学雑誌』第一巻第四号、昭和四年）

赤と白のコントラスト

浜田が例としてあげた尾張熱田貝塚（名古屋市高蔵遺跡）の土器は、現在東京国立博物館所蔵で、国の重要文化財に指定されている。一方、滋賀県大津市の壺には赤彩が施されていないことから、当初は赤く塗ることはパレス式の要件には含まれていなかったようだ。しかし、その後、「パレス・スタイル」という呼び名は、尾張地域を中心に発達した独特の赤彩土器の名称として定着していった。朝日遺跡は、もっとも多種多彩な赤彩土器が出土している遺跡だ。

弥生時代後期の土器は淡い茶褐色の色調に焼き上げられたものが多いが、パレス・スタイル土器の器肌は白色のものが多い。口縁部や壺の体部上半に直線文・波線文・斜行線文・列点文などを組み合わせた文様帯が描かれる。赤彩はこの文様帯がない部分に広く施されている。後期でも古相のものには、赤彩で文様を描いた土器、円形に赤彩を施した土器もみられる。赤彩と文様帯との塗り分けの手法が確立するのは、後期前半の山中式以降である。

浜田がとりあげた土器にもとづき、本来パレス・スタイル土器は広口壺に限定すべきとする意見もある。しかし、赤彩・施文という点からみると、後期前半には、広口壺だけでなく、小型壺、高杯、ブランデーグラス形の高杯、器台など、多くの器種で同様な赤彩・施文パターンがみられる。この点において、後期の山中式は、もっとも装飾が華やかな時期である。

紅白に塗り分けられた土器というと、何かしら縁起の良いものに思えるが、この種の土器は方形周溝墓など墓域でみつかることが多い。方形周溝墓からは、ブランデーグラスの口を上に引き延ばしたような独特の形態のものも出土している。井戸や溝など水辺で出土することもある。パレス・スタイル土器は、葬送の場や水辺での祭祀といった儀礼的な空間にかかわる土器だったようだ。

弥生時代後期後半になると、高杯や器台には赤彩が施されなくなり、赤彩・施文パターンは広口壺だけに限定して受け継がれていく。胴部下位が膨らむ下ぶくれの形態、内面の文様帯が強調された重厚な口縁部といった特徴がみられるようになる。

図 59 ● **赤彩土器**
弥生時代後期の赤彩が施された土器。広口壺をはじめ、小型壺、高杯、ブランデーグラス形高杯などがある。赤彩と文様帯を組み合わせた装飾が特徴である。

図 60 ● **赤彩合子**
弥生時代後期初頭の方形周溝墓から出土した。蓋には鋸歯状文が施され、身と蓋にそれぞれ 2 孔一対の小孔がうがたれている。

図 61 ● **壺に埋め込まれたガラス玉**
赤彩壺の口縁部に埋め込まれていた。小玉は半分に割れている。近接して同様の凹みがあり、本来は二つに割れたものを対にして埋め込んだとみられる。

4 東海系土器の拡散と集落の終焉

後期環濠の廃絶

弥生時代後期末になると、北居住域と南居住域をめぐる環濠は埋め立てられ、以後再び環濠が掘削されることはなかった。南居住域の内環濠では、溝上部の堆積に大量の完形の土器が廃棄されていた。

この後、古墳時代前期まで集落は続くが、竪穴住居は散在し、遺物も希薄になっていく。南居住域では、かっての環濠内部だった場所に方形周溝墓が数基つくられている。

東海系土器、西へ東へ

時代が弥生時代から古墳時代へとうつりかわる頃、列島規模での大きな変化が起こっていた。東海地方西部、すなわち伊勢湾沿岸部の土器が、西日本、東日本の広い範囲に拡散する現象（広域土器交流）もその一つだ（図62）。

独特な口縁をもつS字状口縁台付甕《えすじじょうこうえんだいつきかめ》（S字甕）は、伊勢湾系土器の象徴的な器種だ。その分布は、奈良県の纒向《まきむく》遺跡をはじめ、瀬戸内、北部九州まで点在し、東日本では、北陸地方、信州から北関東、静岡以東の南関東、最終的には東北地方南部にまでおよんでいる。

東日本に拡散したS字甕は、やがて甲府地域や北関東に定着し、それぞれの地域で独自の変化を遂げていったものもある。また、高杯・小型高杯・小型器台といった供献土器を中心に、伊勢湾地域発の土器群が東日本的な共通性をもった器種として各地の土器様式を再構築していった。

伊勢湾地域を震源とする東日本への波は土器だけにとどまらず、前方後方墳という新しい墓制の導入、墳墓での土器祭祀、農具などの技術面まで幅広く及んでいる。東日本の古墳時代のはじまりに、伊勢湾地域が大きな影響力を保持していたことは疑いようがない。

ところが、この古墳時代への移行期は、まさに朝日遺跡が衰退していった時期と重なる。弥生から古墳への大きな時代の変革と入れ替わるように、弥生時代の大集落として地域の中枢を担ってきた朝日遺跡は終焉へとむかったのである。

図62 ● 東海系土器の拡散
S字甕をはじめとする東海系土器は、近畿、北陸、中部高地、関東へと広い範囲に拡散した。この時期、近畿系土器、北陸系土器なども各地に伝わっており、列島規模での土器の移動現象がみられる。

埋もれゆく集落

その後の朝日遺跡はどうなっていったのだろう。

古墳時代中期になると、かつて方形周溝墓だった墓を再度整形し、小規模な古墳として再利用していた可能性がある。また、県史跡に指定されている検見塚は、周辺の発掘調査の結果、やはり中期の古墳の可能性が高い。

発掘調査では、古墳時代の遺構を覆うように、灰白色の粘土層が厚く堆積している状況が広い範囲で確認されている。これは、集落周辺の水位が上昇し、止水域が広がったことを示している。自然科学的な分析からも、ゲンゴロウなどの水生昆虫が増加し、自然環境を好む水生の珪藻類が増加するといった変化が認められる。

かつて弥生時代をとおして多くの人びとでにぎわったこの地から、人の姿はすっかり消えてしまった。水と土の中へと埋もれていった朝日集落は、永い眠りにつき、人びとの記憶からも失われていった。

図63 ● 集落廃絶後の朝日遺跡（画：長谷川恵子）
昆虫化石や珪藻分析の結果から、古墳時代以降は遺跡周辺の沼沢地化が進行し、湿地帯のような景観へと変化していったようだ。弥生時代に多くの人びとでにぎわった集落から、やがて人の姿は失われていった。

第５章　朝日遺跡の未来

貝殻山貝塚資料館

私は、月に数日程度、愛知県清須市にある愛知県清洲貝殻山貝塚資料館で勤務している。この資料館は、貝殻山貝塚および朝日遺跡の出土品を保管・展示するために、一九七五年に史跡貝殻山貝塚に設置された施設だ。

しばしば県外からも熱心な考古学ファンが資料館を訪れる。そのような方たちは、朝日遺跡の逆茂木や環濠は現地に保存されているのか、銅鐸や巴形銅器などの出土品はみることができるのか、興味津々で訪ねてくる。しかし、現在、資料館でこれらのものをみることができないと知ると、一様にがっかりとされる。あるいは、この重要な遺跡がどうして整備、公開されていないのか、はっきりと苦言を呈される方もめずらしくない。

遺跡の保存

発掘調査の華々しいニュースとは裏腹に、朝日遺跡のなかで史跡として保存されたのは清須市の貝殻山貝塚だけだ。指定されたのは集落の全体像がわかる以前のことなので、朝日遺跡全体を対象とした遺跡保存や整備は現在もおこなわれていない。過去には遺跡の保存運動もあったが、地域を巻き込んだ遺跡保護の大きな流れにはならなかった。

本格的な発掘調査が開始された一九七〇年代の調査写真をみると、調査現場周辺には広大な水田や畑が広がっていた。しかし、現在の朝日遺跡は、急速に市街地化し、その景観は大きくかわりつつある。北居住域の大半はまだ未調査である。農業振興地域となっているため、現在でも水田が広がっているが、やがては開発の波にさらされるおそれがある。朝日遺跡の全体像をつかみ、遺跡の主要な部分を未来に残すために、残されている時間は決して多くはない。

凍結された資料館整備計画

朝日遺跡から出土した多量の遺物をどのように保管・活用していくのかも大きな課題だ。愛知県教育委員会が管理する朝日遺跡の出土遺物は、報告書に掲載された資料だけでも二万点近くにおよぶ。いずれも学術的に高い価値をもった資料だ。これらの出土資料を保管・公開している施設は、現地の貝殻山貝塚資料館、弥富市にある愛知県埋蔵文化財調査センターなどに分散している。いずれも朝日遺跡の発掘成果を体系的に展示・研究するには十分な施設ではない。

じつは一九九七年には貝殻山貝塚資料館の拡充整備計画が発表され、開館に向け作業が進められていた。新しく設置される資料館は、朝日遺跡のサイトミュージアムとして、これまでの出土資料を集約し、最新の展示と継続的な研究の拠点となる計画であった。ところが計画発表の翌年、県の逼迫する財政難を理由に計画は凍結され、現在も整備再開の目処は立っていない。

重要文化財指定

少し暗い話が続いたが久しぶりに朝日遺跡をめぐるニュースが入ってきた。二〇一二年九月、朝日遺跡の主立った出土品二〇二八点が国の重要文化財に指定された。内訳は、土器・土製品七二七点、木器・木製品二五三点、石器・石製品六五〇点、ガラス小玉一二一点、金属製品三七点、骨角牙貝製品二四〇点を数え、朝日遺跡出土品の多様性を反映したものとなっている。

新たに指定されたこれらの出土品は、弥富市にある県埋蔵文化財調査センターに集められ、収蔵庫に保管されている。所有者である愛知県は、この貴重な文化財

弥生人を〝体験〟 清洲に新資料館

朝日遺跡の出土品展示

貝塚周辺に史跡も整備

竪穴式住居復元など 1億3500万円計上へ

県教委が「サイトミュージアム」としての整備を目指す新しい清洲貝殻山貝塚資料館のイラスト、左側は貝殻山貝塚

東海地方最大といわれる弥生時代の集落「朝日遺跡」の出土品を展示するため、県教育委員会は十四日までに、新しい清洲貝殻山貝塚資料館（清洲町西田中）の整備費約一億三千五百万円を新年度予算案に盛り込む方針を固めた。同遺跡発見のきっかけとなった貝殻山貝塚の隣接地に新資料館を建設、出土品を見学したあと貝塚周辺を散策して古代へのロマンをはせる全国的にも珍しい英国方式の「サイトミュージアム（遺跡資料館）」を目指す。

貝殻山貝塚は昭和四年に最初の調査が行われ、戦後、その周辺でも貝塚などが見つかった。現在では名古屋市西区、新川町、春日町にまたがる約八十万平方㍍の朝日遺跡としてとらえられるようになり、四十六年には同貝塚が国史跡の指定を受けている。

東名阪自動車道の建設工事に伴い、四十七年から平成元年まで県教委が朝日遺跡の発掘調査を実施。全国最大級の方形周溝墓が見つかったほか、土器や銅たく、管玉（くだたま）など整理箱二万千個分の遺物が出土した。

現在の資料館は五十年に建設されているが、延べ床面積が五百平方㍍足らずしかなく手狭なため、六年度に史跡の南隣接地に約五千五百平方㍍の土地を購入して新資料館の基本設計を行い、七、八年度に敷地の発掘調査を手掛けていた。

新しい資料館は鉄筋コンクリート二階建て延べ三千五百平方㍍。常設展示室や収蔵庫、講堂、ホールなどを設け学術調査の拠点とする。資料館で出土品を見学したあと、竪穴式住居や高床式住居などを復元した史跡を散策できるように整備し、弥生時代の生活や文化の理解に役立ててもらう。

県教委では新年度から実施設計に着手し、十二年三月のオープンを目指す。新資料館開館後は、現在の資料館は収蔵庫や児童生徒らの体験学習の施設として利用する。

図64 ● 新資料館建設を報じた記事
中日新聞1997年1月15日。1997年に発表された資料館整備計画は、その後、県の財政難を理由に凍結され、現在に至っている。

を適切な状態で後世に残していくとともに、国民共有の財産として広く公開・活用していくという、大きな責任を負っていることをあらためて自覚しなければならない。

遺跡・遺物にふれる

今後、朝日遺跡やその出土品の保護をはかるためには、多くの方に、遺跡や出土品にふれ、遺跡のことをよく知ってもらうことが必要だ。

私が勤務する愛知県教育委員会では、朝日遺跡出土品の活用事業として、県内の小学校を対象に弥生学習講座「出前博物館」をおこなっている。また、貝殻山貝塚資料館では、弥生体験講座と称して、「石のヤジリをつくってみよう」「ミニチュア土器をつくる」などの参加体験型の講座をおこなってきた。最近では、新資料館の建設予定地だったところに小さな水田をつくり、田植え、収穫、炊飯までを体験する「米づくり体験講座」をおこなっている。出土品を復元した木製農具を使う、自分でつくった石庖丁でイネを刈り取る、復元した弥生土器で赤米を炊くなど、弥生時代の生活や技術を体感しながら学ぶことで、遺跡に親しんでもらうことがねらいだ。地道な取り組みではあるが、これらの活動をとおして、朝日遺跡の保護や活用が少しでも進むことを願っている。

図65 ● 弥生体験講座のイネ刈り
貝殻山貝塚資料館で開催される弥生体験講座では、米づくりなど弥生人の生活や技術を体験する。自分でつくった石庖丁を手にイネを収穫する子どもたち。

参考文献

愛知県教育委員会　一九七二『貝殻山貝塚調査報告』
愛知県教育委員会　一九七五『環状二号線関係朝日遺跡群第一次調査報告』
愛知県教育委員会　一九八二『朝日遺跡Ⅰ～Ⅳ』
愛知県史編さん委員会　二〇〇三『愛知県史』資料編二弥生
（財）愛知県埋蔵文化財センター　一九九一『朝日遺跡Ⅰ』
（財）愛知県埋蔵文化財センター　一九九二『朝日遺跡Ⅱ（自然科学編）』
（財）愛知県埋蔵文化財センター　一九九二『朝日遺跡Ⅲ』
（財）愛知県埋蔵文化財センター　一九九三『朝日遺跡Ⅳ』
（財）愛知県埋蔵文化財センター　一九九四『朝日遺跡Ⅴ』
（財）愛知県教育サービスセンター愛知県埋蔵文化財センター　二〇〇〇『朝日遺跡Ⅵ』
（財）愛知県教育・スポーツ振興財団愛知県埋蔵文化財センター　二〇〇七『朝日遺跡Ⅶ』
（財）愛知県教育・スポーツ振興財団愛知県埋蔵文化財センター　二〇〇八『一色青海遺跡Ⅱ』
（財）愛知県教育・スポーツ振興財団愛知県埋蔵文化財センター　二〇〇九『朝日遺跡Ⅷ』
安城市歴史博物館　一九九四『企画展　弥生の華　パレススタイル土器』
石黒立人　一九九七「手工業生産と弥生社会をめぐるラフ・スケッチ―伊勢湾地方を中心として」『考古学フォーラム』八
石黒立人　二〇〇四「弥生集落史の地平　その二」『中部の弥生時代研究』
石黒立人　二〇〇九「伊勢湾地域社会における弥生大規模集落と地域社会」『国立歴史民俗博物館研究報告』第一四三集
石黒立人　二〇〇九「凹線文系土器前後の伊勢湾岸域」『愛知県埋蔵文化財センター研究紀要』第五号
石黒立人　二〇一一「伊勢湾岸域の「縄文／弥生」、あるいはポスト・フェストゥムからの回帰―連続と不連続の均衡へ―」『縄文／弥生移行期の社会論』ブイツーソリューション

沖虹児　一九三〇『愛知県の石器時代』
加納俊介・石黒立人編　二〇〇二『弥生土器の様式と編年―東海編』
名古屋市教育委員会　二〇〇六『朝日遺跡（第一三・一四・一五次）』
原田幹・宮腰健司　二〇〇五「愛知県朝日遺跡における骨角器の製作技術」『有限責任中間法人日本考古学協会第七一回総会研究発表要旨』
樋上昇　二〇一〇『木製品から考える地域社会―弥生から古墳へ―』雄山閣
宮腰健司・山崎健・大河内隆之・原田幹　二〇一一「朝日遺跡から出土した石鏃の刺さったシカ腰椎について」『研究紀要』第一二号（公益）愛知県教育・スポーツ振興財団愛知県埋蔵文化財センター
森勇一　二〇一二『ムシの考古学』雄山閣

写真提供（所蔵）

愛知県埋蔵文化財センター：図1・2・3・5・6・8・19・21（上）・24・25・26・27・29・30・37（上）・39・41・43・48・49・51・52・53・56・58・61・63
愛知県教育委員会：図4・9・12・13・15・21（下）・22・28・31・34・35・38・40・45・46・47・54・55・59・60
名古屋市教育委員会：図7
岩野見司：図10
奈良文化財研究所：図37（左下）
中日新聞社：図64

図版出典（一部改変）

愛知県埋蔵文化財センター二〇〇九：図11・18・20・42・50・57
石黒二〇一一：図23
愛知県埋蔵文化財センター一九九一：図44

右記以外は著者

国史跡　貝殻山貝塚

・住所　清須市朝日貝塚1
・交通　東海交通事業城北線「尾張星の宮」駅から徒歩10分。名鉄名古屋本線「新清洲」駅から徒歩30分。JR東海道本線「清洲」駅から徒歩35分。清須市コミュニティバスきよすあしがるバス「ピアゴ清洲店前」停留所下車徒歩5分。車で名古屋第二環状自動車道清洲東ICから5分

一九七一年指定。指定面積は一〇一六九・四平方メートル。史跡の名称の由来となった貝殻山など弥生前期の遺物包蔵地が保存されている。園内には、竪穴住居が復元され、展示施設として愛知県清洲貝殻山貝塚資料館がある。

愛知県清洲貝殻山貝塚資料館

・清須市朝日貝塚1
・電話　025（409）1467
・開館時間　午前9時30分〜午後4時
・入館料　無料
・休館日　日・月・火・祝日・年末年始
・交通　国史跡貝殻山貝塚に同じ

一九七五年に国史跡貝殻山貝塚から出土した考古資料を展示する施設としてオープンした。主に環状2号線建設に伴う発掘調査の出土品を中心に展示している。火起こしやミニチュア土器づくりといった体験メニューを実施している。

愛知県清洲貝殻山貝塚資料館

愛知県埋蔵文化財調査センター

・弥富市前ケ須町野方802―24
・電話　0567（67）4164
・開館時間　午前9時から午後4時
・休館日　土・日・祝日・年末年始
・入館料　無料
・交通　近鉄「弥富」駅下車徒歩15分、タクシー5分。JR東海関西本線「弥富」駅下車徒歩20分。名鉄「弥富」駅下車徒歩20分

愛知県教育委員会がおこなってきた発掘調査の中枢を担う機関。これまでに発掘調査してきた膨大な量の資料を保管している。ロビー展示、資料管理閲覧室で愛知県下の出土品を見学することができる。見学を希望される方は、階段を上って二階受付に。

愛知県埋蔵文化財調査センター

刊行にあたって

「遺跡には感動がある」。これが本企画のキーワードです。

あらためていうまでもなく、専門の研究者にとっては遺跡の発掘こそ考古学の基礎をなす基本的な手段です。また、はじめて考古学を学ぶ若い学生や一般の人びとにとって「遺跡は教室」です。

日本考古学では、もうかなり長期間にわたって、発掘・発見ブームが続いています。そして、毎年厖大な数の発掘調査報告書が、主として開発のための事前発掘を担当する埋蔵文化財行政機関や地方自治体などによって刊行されています。そこには専門研究者でさえ完全には把握できないほどの情報や記録が満ちあふれています。しかし、その遺跡の発掘によってどんな学問的成果が得られたのか、その遺跡やそこから出た文化財が古い時代の歴史を知るためにいかなる意義をもつのかなどといった点を、莫大な記述・記録の中から読みとることははなはだ困難です。ましてや、考古学に関心をもつ一般の社会人にとっては、刊行部数が少なく、数があっても高価なその報告書を手にすることすら、ほとんど困難といってよい状況です。

いま日本考古学は過多ともいえる資料と情報量の中で、考古学とはどんな学問か、また遺跡の発掘から何を求め、何を明らかにすべきかといった「哲学」と「指針」が必要な時期にいたっていると認識します。

本企画は「遺跡には感動がある」をキーワードとして、発掘の原点から考古学の本質を問い続ける試みとして、日本考古学が存続する限り、永く継続すべき企画と決意しています。いまや、考古学にすべての人びとの感動を引きつけることが、日本考古学の存立基盤を固めるために、欠かせない努力目標の一つです。必ずや研究者のみならず、多くの市民の共感をいただけるものと信じて疑いません。

監　修　戸沢　充則

編集委員　勅使河原彰　小野　昭　小野　正敏　石川日出志　小澤　毅　佐々木憲一

著者紹介

原田　幹（はらだ　もとき）

1969年、愛知県生まれ。
金沢大学大学院文学研究科史学専攻修了　文学修士
財団法人愛知県埋蔵文化財センターを経て、現在、愛知県教育委員会文化財保護室主査。金沢大学大学院人間社会環境研究科後期博士課程在学中。
専門　石器使用痕研究、東アジアの初期農耕文化
主な著作　「中部地方の土器」『考古資料大観2　弥生・古墳時代　土器Ⅲ』（小学館、2002年）、「弥生石器と使用痕研究」『中部の弥生時代研究』（2009年）、「耘田器の使用痕分析―良渚文化における石製農具の機能―」『古代文化』第63巻第Ⅰ号（古代学協会、2011年）ほか

シリーズ「遺跡を学ぶ」088

東西弥生文化の結節点・朝日《あさひ》遺跡

2013年 4月10日　第1版第1刷発行

著　者＝原田　幹

発行者＝株式会社 新 泉 社

東京都文京区本郷2－5－12

振替・00170－4－160936番　TEL03(3815)1662／FAX03(3815)1422

印刷／萩原印刷　製本／榎本製本

ISBN978－4－7877－1238－7　C1021

シリーズ「遺跡を学ぶ」

A5判／96頁／定価各1500円＋税

第Ⅰ期（全31冊完結・セット函入46500円＋税）

01 北辺の海の民・モヨロ貝塚　米村衛
02 天下布武の城・安土城　木戸雅寿
03 古墳時代の地域社会復元・三ツ寺Ⅰ遺跡　若狭徹
04 原始集落を掘る・尖石遺跡　勅使河原彰
05 世界をリードした磁器窯・肥前窯　大橋康二
06 五千年におよぶムラ・平出遺跡　小林康男
07 豊饒の海の縄文文化・曽畑貝塚　木﨑康弘
08 未盗掘石室の発見・雪野山古墳　佐々木憲一
09 氷河期を生き抜いた狩人・矢出川遺跡　堤隆
10 描かれた黄泉の世界・王塚古墳　柳沢一男
11 江戸のミクロコスモス・加賀藩江戸屋敷　追川吉生
12 北の黒曜石の道・白滝遺跡群　木村英明
13 古代祭祀とシルクロードの終着地・沖ノ島　弓場紀知
14 黒潮を渡った黒曜石・見高段間遺跡　池谷信之
15 縄文のイエとムラの風景・御所野遺跡　高田和徳
16 鉄剣銘一一五文字の謎に迫る・埼玉古墳群　高橋一夫
17 石にこめた縄文人の祈り・大湯環状列石　秋元信夫
18 土器製塩の島・喜兵衛島製塩遺跡と古墳　近藤義郎
19 縄文の社会構造をのぞく・姥山貝塚　堀越正行
20 大仏造立の都・紫香楽宮　小笠原好彦
21 律令国家の対蝦夷政策・相馬の製鉄遺跡群　飯村均
22 筑紫政権からヤマト政権へ・豊前石塚山古墳　長嶺正秀
23 弥生実年代と都市論のゆくえ・池上曽根遺跡　秋山浩三
24 最古の王墓・吉武高木遺跡　常松幹雄
25 石槍革命・八風山遺跡群　須藤隆司
26 大和葛城の大古墳群・馬見古墳群　河上邦彦
27 南九州に栄えた縄文文化・上野原遺跡　新東晃一
28 泉北丘陵に広がる須恵器窯・陶邑遺跡群　中村浩
29 東北古墳研究の原点・会津大塚山古墳　辻秀人
30 赤城山麓の三万年前のムラ・下触牛伏遺跡　小菅将夫
別01 黒耀石の原産地を探る・鷹山遺跡群　黒耀石体験ミュージアム

第Ⅱ期（全20冊完結・セット函入30000円＋税）

31 日本考古学の原点・大森貝塚　加藤緑
32 斑鳩に眠る二人の貴公子・藤ノ木古墳　前園実知雄
33 聖なる水の祀りと古代王権・天白磐座遺跡　辰巳和弘
34 吉備の弥生大首長墓・楯築弥生墳丘墓　福本明
35 最初の巨大古墳・箸墓古墳　清水眞一
36 中国山地の縄文文化・帝釈峡遺跡群　河瀬正利
37 縄文文化の起源をさぐる・小瀬ヶ沢・室谷洞窟　小熊博史
38 世界航路へ誘う港市・長崎・平戸　川口洋平
39 武田軍団を支えた甲州金・湯之奥金山　谷口一夫
40 中世瀬戸内の港町・草戸千軒町遺跡　鈴木康之
41 松島湾の縄文カレンダー・里浜貝塚　会田容弘
42 地域考古学の原点・月の輪古墳　近藤義郎・中村常定
43 天下統一の城・大坂城　中村博司
44 東山道の峠の祭祀・神坂峠遺跡　市澤英利
45 霞ヶ浦の縄文景観・陸平貝塚　中村哲也
46 律令体制を支えた地方官衙・弥勒寺遺跡群　田中弘志
47 戦争遺跡の発掘・陸軍前橋飛行場　菊池実
48 最古の農村・板付遺跡　山崎純男
49 ヤマトの王墓・桜井茶臼山古墳・メスリ山古墳　千賀久
50 「弥生時代」の発見・弥生町遺跡　石川日出志

第Ⅲ期（全26冊完結・セット函入39000円＋税）

51 邪馬台国の候補地・纒向遺跡　石野博信
52 鎮護国家の大伽藍・武蔵国分寺　福田信夫
53 古代出雲の原像をさぐる・加茂岩倉遺跡　田中義昭
54 縄文人を描いた土器・和台遺跡　新井達哉
55 古墳時代のシンボル・仁徳陵古墳　一瀬和夫
56 大友宗麟の戦国都市・豊後府内　玉永光洋・坂本嘉弘
57 東京下町に眠る戦国の城・葛西城　谷口榮
58 伊勢神宮に仕える皇女・斎宮跡　駒田利治
59 武蔵野に残る旧石器人の足跡・砂川遺跡　野口淳
60 南国土佐から問う弥生時代像・田村遺跡　出原恵三
61 中世日本最大の貿易都市・博多遺跡群　大庭康時
62 縄文の漆の里・下宅部遺跡　千葉敏朗
63 東国大豪族の威勢・大室古墳群〔群馬〕　前原豊
64 新しい旧石器研究の出発点・野川遺跡　小田静夫
65 旧石器人の遊動と植民・恩原遺跡群　稲田孝司
66 古代東北統治の拠点・多賀城　進藤秋輝
67 藤原仲麻呂がつくった壮麗な国庁・近江国府　平井美典
68 列島始原の人類に迫る熊本の石器・沈目遺跡　木﨑康弘
69 奈良時代からつづく信濃の村・吉田川西遺跡　原明芳
70 縄紋文化のはじまり・上黒岩岩陰遺跡　小林謙一
71 国宝土偶「縄文ビーナス」の誕生・棚畑遺跡　鵜飼幸雄
72 鎌倉幕府草創の地・伊豆韮山の中世遺跡群　池谷初恵
73 東日本最大級の埴輪工房・生出塚埴輪窯　高田大輔
74 北の縄文人の祭儀場・キウス周堤墓群　大谷敏三
75 浅間山大噴火の爪痕・天明三年浅間災害遺跡　関俊明
別02 ビジュアル版 旧石器時代ガイドブック　堤隆

第Ⅳ期　好評刊行中

76 遠の朝廷・大宰府　杉原敏之
77 よみがえる大王墓・今城塚古墳　森田克行
78 信州の縄文早期の世界・栃原岩陰遺跡　藤森英二
79 葛城の王都・南郷遺跡群　坂靖・青柳泰介
80 房総の縄文大貝塚・西広貝塚　忍澤成視
81 前期古墳解明への道標・紫金山古墳　阪口英毅
82 古代東国仏教の中心寺院・下野薬師寺　須田勉
83 北の縄文鉱山・上岩川遺跡群　吉川耕太郎
84 斉明天皇の石湯行宮か・久米官衙遺跡群　橋本雄一
85 奇異荘厳の白鳳寺院・山田寺　箱崎和久
86 京都盆地の縄文世界・北白川遺跡群　千葉豊
87 北陸の縄文世界・御経塚遺跡　布尾和史
88 東西弥生文化の結節点・朝日遺跡　原田幹
別03 ビジュアル版 縄文時代ガイドブック　勅使河原彰